H. M. ENOMIYA LASSALLE
ZEN-MEDITATION FÜR CHRISTEN

H. M. ENOMIYA LASSALLE

ZEN-MEDITATION FÜR CHRISTEN

OTTO WILHELM BARTH VERLAG

Dritte Auflage der Sonderausgabe 1995

Alle Rechte der Verbreitung, auch durch Funk, Fernsehen, foto-
mechanische Wiedergabe, Tonträger jeder Art und auszugsweisen
Nachdruck, sind vorbehalten. Copyright © 1968 und 1976 by
Scherz Verlag Bern München Wien für
Otto Wilhelm Barth Verlag

VORWORT

Das vorliegende Buch ist auf Wunsch der Teilnehmer an Zen-Kursen entstanden, die in Deutschland gehalten wurden. Es enthält die zur Einführung in die Meditations-Übungen gehaltenen Vorträge. Dabei wurden jedoch auch die in den anschließenden gemeinsamen Aussprachen und Einzelgesprächen gegebenen Anregungen nach Möglichkeit mit hineingenommen und überdies andere nützlich erscheinende Ergänzungen gemacht. Auf diese Weise möge den Teilnehmern eine Hilfe geboten werden, um sich das Gehörte und Erfahrene ins Gedächtnis und Gemüt zurückzurufen. Gleichzeitig soll denen, die nicht die Möglichkeit haben, an solchen Kursen teilzunehmen, aber doch den Wunsch hegen, diese Übungen zu erlernen oder denen, die schon auf anderem Wege Zugang zu ihnen gefunden haben, die Möglichkeit gegeben werden, auf diesem Wege auch allein voranzukommen.

Manches was hier gesagt wird, wurde schon in früheren Veröffentlichungen dargeboten oder wenigstens angedeutet, anderes ist neu oder kommt unter dem Gesichtswinkel der praktischen Übungen neu in den Blick. Wir dürfen uns auf das Schriftwort berufen: »Deshalb gleicht jeder Schriftgelehrte, der ein Jünger des Himmelreiches geworden ist, einem Hausherrn, der Neues und Altes aus seinem Schatze hervorholt.«

Konkret gesagt: Im »Zen-Weg zur Erleuchtung«[1], das

---

[1] H. M. Enomiya Lassalle: »Zen-Weg zur Erleuchtung«, Verlag Herder, Wien 1960.

einem großen Teil unserer Leser bekannt sein dürfte, steht vor allem das Zen selbst im Mittelpunkt. Es wurde deswegen ganz besonders Wert auf den praktischen Vollzug der Übungen gelegt. Dagegen wurde bei der Abfassung des vorliegenden Buches der Hauptakzent auf die Beziehung zum Christentum und speziell zur christlichen Mystik gelegt. Es ist also gewissermaßen die Fortsetzung des Vorhergenannten. Für ein gründliches Studium der in diesen beiden Veröffentlichungen behandelten oder berührten Fragen dürfen wir erneut auf das Buch »Zen-Buddhismus«[2] hinweisen.

Wir möchten an dieser Stelle allen, die am Zustandekommen dieses Buches mitgewirkt haben, besonders dem Otto Wilhelm Barth Verlag unseren aufrichtigen Dank aussprechen.

Tokyo, im Mai 1969

---

[2]) H. M. Enomiya Lassalle: »Zen-Buddhismus«, Verlag Bachem, Köln 1966.

I. DAS ZEN

ZEN-MEDITATION

Weltanschaulicher Hintergrund der Zen-Meditation

Die Zen-Meditation, japanisch *zazen* genannt, hat ihren Ursprung im Buddhismus. Wir wollen uns daher zunächst darüber klarwerden, was diese Art der Meditation für den Buddhisten bedeutet. Sie geht gewiß auf Buddha zurück, hat aber ihre tieferen Wurzeln im indischen Yoga, den Buddha geübt hat, bevor er zur Erleuchtung kam. Er hat aber manches darin geändert oder weiter entwickelt, so daß man von einer neuen Methode sprechen kann.

Geschichtliche Einzelheiten lassen sich darüber aus der Zeit des Stifters wohl kaum mit Sicherheit feststellen. Tatsache ist zwar, daß die Meditation des sich auf ältere Sutra stützende Hinayana, die noch heute geübt wird, von dem in den Zen-Schulen, die dem Mahayana angehören, üblichen *zazen* in mehr als einer Hinsicht verschieden ist. Trotzdem ist der Zweck aller buddhistischen Meditationen im wesentlichen derselbe. Es geht dem Buddhismus nämlich nicht um die Erlangung außergewöhnlicher Kräfte, sondern um das Kernproblem seiner religiösen Existenz. Wir wollen daher, wenn auch nur kurz, auf einige wichtige Punkte hinweisen, in denen die buddhistische Lehre von der christlichen und überhaupt von jeder ausgesprochen monotheistischen Religion abweicht.

Das erste ist, daß im Buddhismus nirgendwo die Rede ist von einem persönlichen Gott im christlichen Sinne. Man hat deswegen gelegentlich die Frage gestellt, ob denn der Buddhismus überhaupt Religion sei. Daß diese Frage trotzdem zu bejahen ist, wird niemand bezweifeln, der den Buddhismus kennt, so wie er lebt und gelebt wird. Es erübrigt sich wohl, das im einzelnen darzulegen. Überdies wird es aus den folgenden Ausführungen von selbst klarwerden.

Da kein persönlicher Gott angenommen wird, kann im Buddhismus auch von Schöpfung und Offenbarung im eigentlichen Sinn nicht gesprochen werden. Auch der christliche Begriff der Sünde als Übertretung des göttlichen Gesetzes kommt hier nicht zur Anwendung. Ähnlich ist es mit uns geläufigen Bezeichnungen wie Übernatur und Gnade. Für unser Thema ist der mit allen diesen Begriffen aufs engste verbundene Begriff der Erlösung von größter Bedeutung. Denn der Erleuchtungsweg ist im Zen-Buddhismus der Weg zur Erlösung.

Während man Erlösung im christlichen Sinne als Verzeihung der Sünde und Erhebung in die Übernatur bezeichnen kann, trifft das für den Zen-Buddhismus nicht zu, da es dort weder einen Gott noch eine Übernatur gibt. Dagegen ist Erlösung im buddhistischen Sinne Befreiung vom Leiden und Auslöschung der Begierden, die die Ursache der Leiden sind. Diese Auffassung ist in den vier erhabenen Wahrheiten Buddhas begründet:

Erstens: Das Leben besteht ganz und gar aus Leiden.

Zweitens: Das Leiden hat Ursachen (nämlich das Verlangen).

Drittens: Die Ursachen des Leidens können ausgelöscht werden.

Viertens: Es gibt einen Weg, das Leiden auszulöschen.

Dieser Weg ist der achtfache Pfad, den Buddha gelehrt hat:

Rechtes Verstehen, rechtes Denken, rechtes Reden, rechtes Handeln, rechtes Leben, rechtes Bemühen, rechtes Aufmerken, rechte Konzentration (Meditation). Durch diesen Weg wird Befreiung erlangt aus der Kette der Wiedergeburten, denen der Mensch durch das Gesetz der Kausalität unterworfen ist. Erst wenn er diese Kausalität überwindet, ist er für immer von allem Leiden befreit und vollkommen glücklich:

»Die Gier, durch die entflammt,
Den Haß, durch den ergrimmt,
Den Wahn, durch den betört,
Den Zorn, durch den erbost,
Die Heuchelei, durch die verderbt,
Den Dünkel, durch den berauscht
Die Wesen auf den schlimmen Weg gelangen,
Diese geben in vollkommener Erkenntnis
Die Einsichtsvollen auf.
Nach dem Aufgeben kehren sie nie wieder in die Welt zurück.
Auch dies ist vom Erhabenen gesagt worden, so habe ich gehört.«
(Vgl. Itivuttaka 1–6. Seidenstücker, Pali-Buddhismus. S. 150.)

Man darf sich aber die Kette der Wiedergeburten nicht als eine »Seelenwanderung« vorstellen, die darin besteht, daß ein und dieselbe Seele nach dem Tod des Menschen mit einem anderen Leibe wieder geboren wird. Denn im Buddhismus gibt es keine individuelle und daher auch keine unsterbliche Seele. Es gibt auch kein Ich und kein Selbst, weder im Sinne eines empirischen Ichs noch eines tieferen Selbst. Trotzdem spricht man von einem unsterblichen Leben. Ganz exakt ist freilich auch diese Ausdrucksweise nicht; denn in dem ganzen Prozeß des Rades der Wiedergeburten gibt es, streng genommen, nur eine Kausalität, der kein Subjekt als Substrat unterliegt.

Nach der buddhistischen Philosophie ist nämlich die letzte Wirklichkeit nicht das Sein, sondern das So-Sein. In diesem Sinne kann man sagen: »Die letzte Wirklichkeit ist ohne

Wirklichkeit.« Negativ ausgedrückt, ist das So-Sein die »Leere«, in der jede Art irgendeines Zustandes ausgeschlossen ist. Diese »Leere« ist die Grundidee der buddhistischen Philosophie. Trotzdem ist sie nicht das absolut negative Nichts, sondern sie meint: leer –, frei sein von jeder Bedingung. Die Leere in diesem Sinn ist das Absolute, zu dem alles andere zurückgeführt werden muß. Dadurch wird es erlöst.

Kommen wir nun nochmals auf das Ich, bzw. Nicht-Ich zurück. Wenn es keinerlei Ich gibt, so ist die Vorstellung von einem Ich eine reine Illusion und zwar die schlimmste von allen Illusionen, insofern nämlich, als die Begierden, die die Ursache des Leidens sind, alle um das vermeintliche Ich kreisen. Es gilt daher, vor allem von der Illusion des Ich frei zu werden. Bevor das nicht geschehen ist, kann von einer endgültigen Befreiung und Erlösung im buddhistischen Sinn keine Rede sein.

Während nun die buddhistischen Sekten in den Hauptprinzipien der buddhistischen Philosophie übereinstimmen, ist der Weg zur Befreiung nach einzelnen Sekten verschieden. In Japan teilt man die Sekten unter diesem Gesichtspunkt in zwei Gruppen ein: in solche, die Erlösung aus eigener Kraft und solche, die Erlösung durch fremde Kraft lehren. Zen gehört der ersten Gruppe an und vertritt eine meditative Intuition. Das soll heißen: Es genügt nicht, die erlösende absolute Wahrheit durch dialektisches Denken zu ermitteln oder auf Grund von Übertragung durch Worte an dieselbe zu glauben. Sie muß vielmehr durch Intuition oder eigene innere Erfahrung erfaßt werden.

Zu dieser Intuition gelangt man durch das *zazen* oder die Zen-Meditation. Diese Intuition ist die Erleuchtung *(satori)* oder die Wesensschau *(kensho)*. Es ist die erfahrungsmäßige Erkenntnis von der absoluten Einheit allen Seins, in der es weder ein für sich bestehendes Ich noch irgend ein Einzelding und daher auch keinerlei Gegensätze gibt. Man bezeichnet daher die Welt, die sich in der Erleuchtung offenbart, als »Welt der Gleichheit« *(byodo no sekei)* im Gegensatz zur »Welt der Unterschiede« *(sabetsu no sekai).* Die letztere ist die Welt, wie wir sie durch die Sinne wahrnehmen, durch differenziertes Denken erkennen oder in Begriffen darstellen. Diese Welt hat nach buddhistischer Lehre keine Wirklichkeit, sondern ist Illusion.

Hier liegt die Frage nahe: Welche Beziehung besteht zwischen der einen absoluten Wirklichkeit und der Illusion der gegenwärtigen Welt? Darauf ist zu antworten: In der sichtbaren Welt oder durch die sichtbare Welt wird die letzte und absolute Wirklichkeit transparent. Damit erhält die »Illusion« auf einmal eine überwältigend starke positive Note. Denn das Absolute wird in ihr greifbare Wirklichkeit. Das aber gilt in gleicher Weise von jedem Teil der sichtbaren Welt, und wenn es auch nur ein Tautropfen wäre. Das wird besonders anschaulich in den Lebewesen, da sie als solche ein zeitlich begrenztes Dasein haben, vielleicht nur von wenigen Stunden. So versteht man, daß der Buddhist sich scheut, das Leben zu vernichten, wäre es auch das einer Mücke oder einer Blume, die heute blüht und morgen vom Winde zerrissen wird. Typisch für diese Auffassung sind die in der Darstellungsweise so kargen Zen-Bilder, etwa ein Grashalm, mit nur einem einzigen Pinselstrich dargestellt, auf weißem Grund: In diesem Grashalm wird die undarstellbare absolute Leere sichtbar.

Es ist gewiß nicht leicht für einen westlichen Menschen, sich in diese Gedankenwelt einzufühlen. Aber das ist der Hintergrund, auf dem wir den Erleuchtungsweg des Zen-Buddhismus sehen müssen. Andererseits gibt es trotz größter prinzipieller Verschiedenheiten doch auch Entsprechungen in der christlichen Weltanschauung. Gerade die Besprechung der christlichen Mystiker wird uns dem Verständnis des Zen-Buddhismus näher bringen.

Vollzug der Zen-Meditation

Im Gegensatz zur christlichen Meditation ist beim *zazen* eine bestimmte Körperhaltung vorgeschrieben. Man sitzt dabei auf einem 6 bis 9 cm hohen Kissen. Dazu werden meistens runde Kissen verwendet, die mit einer bestimmten Art Watte angefüllt sind. Das Material, japanisch *panya* genannt, wird von einer Pflanze gewonnen, die es in Japan nicht gibt, wohl aber auf dem asiatischen Festland und in Europa. Trotzdem legen die Zen-Meister großen Wert darauf, daß dieses Material und kein anderes verwendet wird, weil es sich beim *zazen*, besonders wenn es lange ausgedehnt ist, wie eine Medizin günstig auf den Körper auswirkt und daher ein Schutz gegen Krankheiten ist, die von langem Sitzen verursacht werden können. Natürlich kann man auch anderes Material verwenden, aber die Kissen sollten weder zu hart noch zu weich sein. Was die Höhe betrifft, so kann dieselbe auch geringer sein als 6 bis 9 cm, wenn man dies lieber hat.

Im Anfang benutzt man am besten möglichst hohe Kissen oder legt mehrere aufeinander, da es leichter ist, den schwierigen Sitz auszuführen, wenn man einigermaßen hoch sitzt. Später sollte man den Sitz womöglich wieder tiefer wählen. Die Beine sind übereinander gekreuzt, so daß der rechte Fuß auf dem linken Oberschenkel und der linke Fuß auf dem rechten Oberschenkel ruht. Die Füße sollten dabei mit der Unterfläche nach oben gekehrt sein. Der Oberkörper ist ganz senkrecht zu halten, desgleichen der Kopf in der Verlängerung der Rückenwirbelsäule, so daß sich die Nasenspitze senkrecht über dem Nabel befindet. Diese Haltung ist am Anfang meist schwierig, aber sie sollte doch so ausgeführt werden, daß nirgends eine Spannung auftritt, sondern der ganze Körper entspannt ist.

Das also ist die für das *zazen* vorgeschriebene Haltung,

Lotus-Sitz genannt *(kekka)*. Ist diese Stellung zu schwierig, so kann man sie in der Weise verändern, daß man nur einen Fuß auf den gegenüberliegenden Schenkel legt und den anderen unter dem gegenüberliegenden Schenkel liegen läßt. Der Fuß sollte dabei möglichst an den Körper herangezogen werden, aber doch so, daß man nicht darauf sitzt. Diese Haltung wird in Japan *hanka* genannt, etwa Halb-Lotus.

Die Augen sind ein wenig geöffnet und auf einen Punkt, etwa einen Meter entfernt, auf den Boden gerichtet oder auf die Wand, falls man nahe vor einer Wand sitzend meditiert.

Das Atmen: Sowohl das Ein- wie das Ausatmen soll gewöhnlich durch die Nase geschehen. Man atme ruhig und tief, verwende aber auf das Ausatmen zwei- bis dreimal so viel Zeit wie auf das Einatmen. Womöglich sollte es Tiefatmung oder Bauchatmung sein, nicht Brustatmung.

Sowohl Körperhaltung wie Atmung sollen der Meditation dienen. Es braucht einige Zeit, bis man sich daran gewöhnt hat, aber wenn beides gut eingelaufen ist, wird der Körper dabei besser durchblutet und tritt Ruhe und Entspannung ein, was für jede Art von Meditation von großer Bedeutung und überdies der Gesundheit zuträglich ist. Menschen, die viel in solcher Weise üben, werden diese Wirkungen immer wieder erfahren.

Haltung und Atmung sind also nicht so gewählt, weil sie schwierig sind und einen höheren Grad von Askese verlangen als andere Haltungen, sondern weil sie für die Meditation wirksamer sind. Andererseits scheint aber doch auch der Schmerz hier eine teleologische Bedeutung zu haben.

Nun wäre noch einiges über die innere Haltung zu sagen, die natürlich das wichtigste, aber auch das schwierigste beim *zazen* ist. Innere Haltung soll heißen: Was tut man oder tut man nicht in geistiger Beziehung während des *zazen*?

Worüber denkt man nach? Oder denkt man über nichts nach? An nichts? Wenn das so wäre, wie kann man *zazen* Meditation nennen? Es wird ja nichts meditiert. Die Zen-Mönche lieben auch den Ausdruck Zen-»Meditation« ganz und gar nicht. Sie nennen es *zazen* d. h. Sitz-Zen. Da das Wort Zen vom indischen *dyana* kommt, das Meditation oder Konzentration heißt, ist *zazen* soviel wie Sitz-Meditation, also eine Meditation, die wesentlich im Sitzen besteht und nicht im Denken, das wir meistens mit Meditation verbinden. Immerhin, nenne man das *zazen* nun Meditation oder nicht; grundsätzlich soll dabei nicht gedacht werden. Das heißt, es soll weder über etwas nachgedacht werden noch an etwas Bestimmtes gedacht werden. Das aber ist nicht so zu verstehen, daß man, jede geistige Tätigkeit einstellend, dösen sollte. Eingestellt wird nur die ich-dirigierte Tätigkeit. Der Geist ist auch beim *zazen* tätig, aber nicht in der Weise, wie dies gewöhnlich bei der christlichen Betrachtung oder Meditation geschieht, die einen Gegenstand hat. Die innere Haltung beim *zazen* besteht also weder darin, daß man über etwas nachdenkt noch darin, daß man jede geistige Tätigkeit einstellt. Sie liegt zwischen beiden oder – besser gesagt – tiefer als beide. Im Zen bezeichnet man diese Haltung *munenmuso,* d. h. »ohne Begriffe und Gedanken«, für einen Japaner eine durchaus verständliche Ausdrucksweise; für einen Europäer, der für alles, was er tut, einen Grund und ein Ziel haben zu müssen glaubt, zunächst unverständlich.

In den Zustand oder die geistige Haltung, die hier gemeint ist, hineinzukommen, ist übrigens gar nicht leicht. Wer es zum ersten Mal versucht, wird lange Zeit mit störenden Gedanken zu kämpfen haben, bis es ihm auch nur für einige Sekunden gelingt. Aber dann weiß er, was es ist und versteht, daß es durchaus sinnvoll ist, obwohl kein klar umschriebener oder beschreibbarer Inhalt vorhanden ist. Es ist gewiß wahr, daß es, wenn überhaupt möglich, sehr schwierig ist, im gewöhnlichen Bewußtseinszustand, dem sogenannten Tagesbewußtsein, ganz ohne Gedanken zu sein, ohne daß die geistige Tätigkeit überhaupt aufhört und man in den Zustand des Dösens fällt. Das *munenmuso* ist de facto erst möglich, wenn man in ein tieferes Bewußtsein kommt. Die Schwierigkeit liegt eben darin, in tiefere Bewußtseinszustände einzudringen, die sozusagen unter dem Tagesbewußtsein liegen. In diesem Sinne spricht man auch von Bewußtseinserweiterung.

Man darf aber diesen Zustand auch wieder nicht mit Trance verwechseln, wenigstens nicht im Sinne eines ekstatischen Zustandes. Es gibt gewiß viele Grade oder Arten von Trance, aber uns scheint doch diese Bezeichnung die Sache nicht zu treffen. Sie erweckt den Eindruck, als ob man nicht ohne Ekstase das Satori erlangen könnte, was nicht richtig ist. Viel besser ist die Bezeichnung Bewußtseinsleere, nämlich in dem Sinne, daß das Bewußtsein vollkommen entleert wird. Manche nennen es auch reines Bewußtsein. Während all diese Bezeichnungen negativ sind, hat Carl Albrecht dafür den positiven Terminus »Innenschau« oder »bildlose Schau« verwandt.[3]

Schwierigkeiten

Bei der Zen-Meditation können allerlei Schwierigkeiten auftreten und treten auch bei Anfängern meistens auf. Sie betreffen teils die äußere und teils die innere Haltung. Was die ersteren betrifft, so haben besonders viele Europäer Schwierigkeit mit dem Sitz. Sie bringen weder den vollen

---

[3]) Carl Albrecht: »Psychologie des mystischen Bewußtseins«, Verlag Carl Schünemann, Bremen 1951 und »Das mystische Erkennen« eben dort, 1958.

Lotus-Sitz *(kekka)* noch den halben *(hanka)* zustande, auch wenn sie den dabei auftretenden Schmerz zu ertragen bereit sind. Viele, wenn nicht die meisten von ihnen, können auch durch langes Üben diesen Sitz nicht vollkommen erlernen. Einigen aber gelingt es im Laufe der Zeit; sie sind dann froh darum. Das *hanka* dagegen ist durch beharrliches Üben auch für viele Europäer vollziehbar, wie die Erfahrung gezeigt hat. Freilich schmerzt auch der halbe Sitz noch beträchtlich für einige Zeit, besonders wenn man viele Stunden während des Tages oder gar mehrere Tage hintereinander sitzt. Aber der Schmerz verringert sich allmählich so weit, daß er nicht mehr bei der Meditation hindert. Die Wirkung des *hanka* steht übrigens nicht weit hinter der des vollen Lotus-Sitzes zurück.

Wenn nun auch der halbe Sitz nicht vollziehbar ist, wähle man einen Sitz der jenem in der Wirkung möglichst nahe kommt, z. B. den Diamant-Sitz. Derselbe wird auch in Japan, besonders von Frauen, beim *zazen* viel benutzt. Kann man gar keinen Sitz auf dem Boden ausführen, so benutze man einen Stuhl, wobei man aber eine aufrechte Haltung einnehmen muß und sich nicht anlehnen sollte. Gelingt es, den erwählten Sitz auszuführen, so können sich trotzdem an verschiedenen Stellen des Körpers noch Schmerzen einstellen, z. B. in den Beinen, Gelenken, auf der Brust oder im Rücken.

Verhältnismäßig viele Menschen in Europa leiden an einer Schwäche der Wirbelsäule, was vielleicht mit einseitigem Gebrauch moderner Verkehrsmittel zusammenhängt. Falls es sich nur um eine Schwäche, nicht aber um Krankheit im eigentlichen Sinne handelt, kann in manchen Fällen eben diese Schwäche durch das *zazen* auf die Dauer behoben werden. Ist der Grund eine Krankheit, dann sollte man einen Arzt zu Rate ziehen. Manche Leute haben auch Schwierigkeiten mit den inneren Organen beim *zazen*.

Hier gilt derselbe Grundsatz. Andererseits gibt es nicht wenige Fälle, wo die inneren Organe durch die Zen-Übungen gestärkt wurden. Was nun allgemein die Schmerzen betrifft, so beeinträchtigt ein gewisses Maß die Meditation nicht. Es kommt vor, daß man den Schmerz sozusagen vergißt, obwohl er noch vorhanden ist. Ist aber das Maß zu groß, so wird er zum Hindernis, und es ist dann ratsam, eine andere Lage zu wählen oder doch den Schmerz nur für einige Minuten zu ertragen, falls die Aussicht besteht, im Laufe der Zeit darüber Herr zu werden.

Eine andere Schwierigkeit bietet oft das Geöffnethalten der Augen und dazu das Blicken auf einen Punkt während der Meditation. Manchmal tränen die Augen dabei. Die Ursache ist wohl in den meisten Fällen eine Schwäche der Augen, die sich mit der Zeit verliert. Bis dahin möge man die Augen von Zeit zu Zeit schließen, um sie nicht zu sehr zu ermüden. Aber es bleibt doch bestehen, daß es für das *zazen* besser ist, die Augen geöffnet zu halten. Daher soll man sich darum bemühen.

Was die Atmung betrifft, wird man es zunächst schwierig finden, die Tiefatmung zu vollziehen, wenn man sie nicht schon vorher erlernt hat. Aber wenn man richtig sitzt und ruhig atmet, verlieren sich die Schwierigkeiten von selbst.

Nun müssen wir noch über einige Schwierigkeiten sprechen, die bezüglich der inneren Haltung entstehen können. Diese sind teils prinzipieller, teils technischer Art. Die Schwierigkeiten in bezug auf die innere Haltung sind insofern von größerer Bedeutung als die, welche bezüglich der körperlichen Haltung auftreten können. Denn letztere ist, falls sie gar nicht oder nur unvollkommen vollzogen werden kann, ganz oder zum Teil zu entbehren, vorausgesetzt, daß die innere Haltung gewahrt bleibt. Wenn dagegen die innere Haltung fehlt, so kann man nicht mehr von *zazen* sprechen, selbst dann nicht, wenn körperlich der volle

Lotus-Sitz ausgeführt wird. Es gibt Fälle, wo Menschen, die wegen Krankheit weder am Boden hocken noch auf einem Stuhl sitzen konnten, sondern beständig liegen mußten, das Satori erlangten. Es geschah dann auf dem Wege der inneren Haltung, des *munenmuso* oder der Bewußtseinsleere.

Prinzipielle Schwierigkeiten sind zum Beispiel: Man fragt, was hat es für einen Sinn, dazusitzen und nichts zu denken? Man wird vielleicht bereit sein, dieses Nichtdenken als eine Beruhigungstherapie gelten zu lassen. Aber es geht ja hier nicht um eine Medizin, sondern um das Religiöse. Von dieser Seite her kommen auch die größten Schwierigkeiten. Man wendet ein: Wie kann man überhaupt von Meditation reden, wenn nichts meditiert wird? Wo ist bei einer solchen Art von Meditation ein religiöser Inhalt? Ist nicht die christliche Meditation immer auch ein Dialog mit Gott? Wo ist Gott in einer Meditation, die die vollkommene Bewußtseinsleere anstrebt?

Andere sind zurückhaltender, da sie die Zen-Meditation im weiteren Rahmen einer anderen Kultur sehen, in der sie vielleicht sinnvoll ist. Aber sie meinen doch, daß diese Art nicht in die christliche Kultur und daher auch nicht zum Christentum paßt. Wer lange Zeit die christliche Meditation geübt und sich dabei große religiöse Werte wie tieferes Verständnis des Evangeliums und der Theologie angeeignet hat, wird vielleicht sagen: Soll ich alle diese Werte wegwerfen, um in die vollkommene Leere einzugehen? Das erscheint doch widerspruchsvoll, wenigstens für einen Christen.

Alle diese Bedenken scheinen auf den ersten Blick berechtigt zu sein und können auch nicht ohne weiteres als unbegründet zurückgewiesen werden. Was ist dazu zu sagen? Zunächst eine allgemeine Antwort: Wer den Mut hat, sich trotzdem in das Abenteuer des Nichts zu stürzen, wird bald feststellen, daß er einem anderen Ufer entgegenschwimmt, wo er sogar noch festeren Boden unter den Füßen hat als auf dem Ufer, von dem er abgesprungen ist. Aber der Entschluß zu diesem Sprung ist wirklich nicht leicht. Einer hat treffend gesagt: »Wir sind ganz auf uns angewiesen, und das Ziel sehen wir nicht.« Das ist tatsächlich die Situation. Und diese ist für einen Menschen der westlichen Kultur, der für alles einen Grund und ein Ziel sehen »muß«, bevor er sich zu etwas entschließt, geradezu peinlich, soweit es sich um Dinge handelt, die nicht ohne weiteres selbstverständlich sind wie etwa zu essen, wenn man hungrig ist, oder zu trinken, wenn man Durst hat.

Auch die beste theoretische Erklärung allein kann die Bedenken nicht restlos beseitigen, nur die Erfahrung vermag es. Dennoch kann die begriffliche Erklärung helfen, den Versuch zu wagen, von dem gerade die Rede war, falls jemandem sehr viel an der Sache liegt. Mit dieser Einschränkung wollen wir nun einige Gedanken vorlegen, die auch jenem, der das *zazen* nicht aus Erfahrung kennt, das Vorangehen bei der Zen-Meditation einigermaßen, selbst vom christlichen Standpunkt her, verständlich machen möchten.

Der Christ tritt gewiß von einer anderen Seite her an die Zen-Meditation heran als der Buddhist. Das ist ganz besonders der Fall, wenn er bereits die Gewohnheit hat, in der Weise zu meditieren, wie es gewöhnlich im christlichen Bereich geschieht. Dabei ist im allgemeinen ein Gegenstand der Betrachtung vorhanden, der aus dem Evangelium oder sonst aus dem christlichen Glaubensbereich genommen ist. Er ist seinem Inhalt nach religiös und zwar im christlichen Sinn. Wenn man das berücksichtigt, versteht man die Bedenken, die vorher namhaft gemacht wurden. Denn: da in der Zen-Meditation die vollkommene Entleerung angestrebt wird, so sind damit auch alle die gewohnten christlichen Inhalte ausgeschlossen. Dennoch sind sie nicht weggeworfen. Sie sind einstweilen zurückgestellt, aber doch so, daß man nicht darüber nachdenkt, wie man beim *zazen* überhaupt nicht über etwas nachdenken soll, auch nicht über die buddhistische Lehre.

Die christlichen Inhalte werden nicht zurückgestellt, weil sie wertlos sind, sondern weil die Art und Weise, in der sie bisher meditiert wurden, zu sehr in Gefahr ist, an der Oberfläche des Geistes haften zu bleiben. Das aber genügt nicht, um den Menschen im Grunde umzuwandeln, wozu doch schließlich die Meditation führen soll. Mit Hilfe der Zen-Meditation aber ist es uns möglich, tiefer in die Seele einzudringen. Es geht uns um »das Durchbrechen der oberen Seelenschichten des zugreifenden Verstandes, des technischen Denkens, des bewußten, gezielten Willens und das Freigeben der tieferen Seelenschichten, also gleichsam die naturale Bereitung für die christliche Tiefenmeditation« (Klemens Tilmann). Die gegenständliche Meditation soll also in einer übergegenständlichen Meditation zur Vollendung geführt werden. Dieses näher zu erklären, würde uns zu weit vom Thema abführen. Wegen der Wichtigkeit der Sache möchten wir im nächsten Kapitel eigens darüber sprechen.

Hier muß noch etwas anderes zu den theoretischen Schwierigkeiten gesagt werden. Nämlich: Es gibt viele Christen, wohl die meisten, die entweder nie zu meditieren gelernt haben oder die christliche Meditation erlernt und eine Zeitlang geübt haben, aber dann zu einem gewissen Überdruß gelangt sind, weil sie auf allerlei Schwierigkeiten gestoßen sind und nicht wissen, wie sie nun weiterkommen können, obwohl sie es möchten.

Die Vertreter der zweiten Gruppe treten in anderer Verfassung an die Zen-Meditation heran als die der ersten. Sie sind »festgefahren« und haben vielleicht schon jahrelang unter geistiger Trockenheit und beständiger Zerstreutheit während der Betrachtung gelitten. Nun ergreifen sie mit Freude das Angebot des Zen oder einer anderen östlichen Meditationsweise. Die von uns erwähnten Schwierigkeiten interessieren sie kaum. Da sie vorurteilslos an die Sache herantreten, geben sie sich ihr ganz hin und kommen bald zu einem guten Ergebnis. Überdies liegt vielen Menschen, auch im Christentum, die gegenständliche Meditation von vornherein nicht, weil sie ihnen zu rational ist, während sie von den östlichen Meditationen viel mehr angesprochen werden. Daher sind diese gegenwärtig auch in christlichen Ländern stark verbreitet und werden von verhältnismäßig vielen, auch gläubigen Christen geübt. Das hängt damit zusammen, daß die Religion allzu sehr »rationalisiert« worden ist, wenn man es einmal so sagen darf. Auch das ist übrigens ein Grund dafür, daß heute die Ignatianischen Exerzitien an Anziehungskraft verloren haben. Man bemüht sich darum, dieselben in mehrfacher Beziehung der Gegenwart anzupassen. Aber wenn die Tiefenmeditation, zu der auch Ignatius führen wollte – er war selbst hoch begnadeter Mystiker – nicht zum Zuge kommt, scheint uns der Erfolg des Anpassungsversuches recht zweifelhaft.

Außer den theoretischen Bedenken, die gegen die Zen-Meditation erhoben werden, wenigstens soweit sie von Christen und besonders von denen im Westen geübt werden, erheben sich andere, praktische Schwierigkeiten. Von den körperlichen haben wir schon gesprochen. Es bleibt uns noch einiges über die Schwierigkeiten zu sagen, die den Vollzug der inneren Haltung behindern können. Es geht zunächst um die schon mehrfach erwähnte Schwierigkeit, die Bewußtseinsleere herzustellen. Diese besteht nicht nur für die Europäer, sondern wurde auch von den Asiaten empfunden. Während man im Zen von den körperlichen Schwierigkeiten, soweit Japaner in Frage kommen, keine Notiz nimmt und einfach von ihnen verlangt, daß sie die

Schmerzen, oder was es sonst noch gibt, überwinden, bis sie sich an die Haltung gewöhnt haben, nimmt man die geistigen entschieden ernster. So hat man von altersher versucht, Mittel zu finden, die über die Anfangsschwierigkeiten und noch darüber hinaus helfen können.

Es sind vor allem drei Mittel, die man seit mehr als tausend Jahren erprobt hat: die Konzentration auf den Atem, das sogenannte *shikantaza* (nur sitzen) und das Koan. Über die beiden ersten haben wir schon an anderer Stelle ausführlich gesprochen, und möchten uns daher kurz fassen.[4] Das Koan soll dagegen ausführlicher besprochen werden.

Die Konzentration auf den Atem kann auf zweifache Weise geschehen: Indem man die Atemzüge zählt oder, ohne zu zählen, auf sie achtet. Man zählt immer nur von 1 bis 10 und dann wieder von vorn. Auf die ungeraden Zahlen 1, 3, 5, 7, 9 zählt man das Einatmen und auf die geraden Zahlen 2, 4, 6, 8, 10 das Ausatmen. Eine andere Weise besteht darin, daß man nur das Einatmen oder nur das Ausatmen zählt. Wenn man sich ohne zu zählen auf den Atem konzentriert, folgt man gewissermaßen dem Atem im Geiste – beim Einatmen nur auf das Einatmen und beim Ausatmen nur auf das Ausatmen achtend.

Die Konzentration auf den Atem ist uralt und soll bis auf Buddha oder noch weiter zurückgehen. Es hat für seinen Zweck, allmählich alles andere auszuschalten und innerlich zur Ruhe zu kommen, eine überraschend gute Wirkung und ist für den Anfang durchaus anzuraten.

Das zweite Mittel, *shikantaza*, besteht darin, daß man sich nur bemüht, alles richtig zu machen, was für das *zazen* vorgeschrieben ist und sich um keinen Gedanken kümmert,

---

[4]) Vgl. Enomiya-Lassalle: »Zen-Weg zur Erleuchtung«, Verlag Herder, Wien, 1960, S. 131 ff.

der aufsteigen mag. Wie er kommt, so läßt man ihn vorübergehen und bemüht sich auch nicht eigens, ihn loszuwerden. Diese Weise ist das eigentliche *zazen*: Sitzen, Sitzen und nur Sitzen, wie es von Dogen geübt wurde und bis heute in der Soto-Schule, deren Gründer er für Japan war, traditionell ist. Das schließt aber nicht aus, daß – je nach dem Zen-Meister – auch mit Koan geübt wird. Es ist auch wahr, daß das *shikantaza* im Anfang schwierig ist.

Das dritte Mittel oder die dritte Weise ist das Üben mit einem Koan, das in den meisten Büchern so ausführlich behandelt wird, als ob es ohne Koan kein echtes *zazen* gäbe, was freilich, wie die Tradition der Soto-Schule zeigt, nicht richtig ist. Ob und wie das Koan verwendet wird, hängt nicht nur von den Schulen, sondern auch vom Zen-Meister ab. Tatsache ist, daß wohl die meisten Zen-Schüler mit Hilfe eines Koan zur Erleuchtung kommen, wenn sie dieses Ziel erreichen, was längst nicht für alle von ihnen gilt.

Das Koan ist eine Aufgabe, deren Lösung durch logisches Denken nicht möglich ist, ein unlösbares Rätsel, unlösbar, weil es einen Widerspruch enthält. Wohl die meisten Koan sind Aussprüche von berühmten Zen-Meistern, die in einer bestimmten Situation getan wurden. Nehmen wir ein Beispiel: »Den Meister Chaochou (778–897 in China) fragte ein Mönch, ob auch in einem Hündlein die Buddha-Natur sei oder nicht. Chaochou sprach: ›Wu‹ (jap. Mu, d. h. Nichts).« Der Meister sagte damit weder »Ja« noch »Nein«.

Der Mönch wußte zwar, daß nach der Buddha-Lehre in allen Wesen die Buddha-Natur ist, scheute sich aber den Schluß zu ziehen, daß auch der Hund ein Buddha sei. Darum antwortete der Meister nicht: »Ja natürlich, auch der Hund hat die Buddha-Natur?« Er suchte den Mönch davon abzubringen, durch rationales Denken den Buddhismus verstehen zu wollen. Er sollte nach einem höheren Erfassen der Wirklichkeit streben, in dem alle Widersprüche sich von selbst lösen.

Ein anderes Mal sprach ein Mönch zu demselben Meister: »Meister, ich bin noch ein Neuling; zeige mir den Weg.« Chaochou sprach: »Hast du schon dein Frühstück beendet?« Der Mönch: »Ich habe mein Frühstück beendet.« Chaochou: »Geh und wasche die Eßschalen.« Da kam der Mönch zur Einsicht, d. h. zur Erleuchtung.

Wieder ein anderer fragte den Meister: »Was bedeutet des ersten Patriarchen (Boddhidarma, der von Indien nach China kam) Kommen vom Westen?« Antwort: »Der Eichbaum vor dem Garten.« Hakuin (1685-1768 in Japan) klappte in die Hände; dann erhob er schweigend die eine Hand und fragte: »Hörst du die Stimme der einen Hand!«

Wenn man diese Zwiegespräche zwischen Meister und Schüler hört, so ist man verwirrt und fragt sich: »Was hat die Antwort mit der Frage zu tun?« Tatsächlich gibt es hier keine unmittelbare Beziehung zwischen Frage und Antwort. Sollte trotzdem eine bestehen, so wäre das Koan kein Koan mehr. Das Koan soll für den Schüler eine ausweglose Sackgasse sein. Wie kann ein solches Koan zur Bewußtseinsleere und weiter zur Erleuchtung führen? Der Schüler wird zunächst versuchen, eine logische Lösung zu finden, aber was immer er dem Meister vorlegt, wird abgewiesen, wenn es nicht aus der Sphäre des intuitiven Denkens kommt. Darum wird es ihm auch nicht helfen, eine Antwort zu bringen, die er von einem anderen gehört hat, der schon die Erleuchtung erlangt hat. Denn der Meister wird sofort weitere Fragen stellen und feststellen, daß der Schüler nicht »verstanden« hat.

Nach diesem vergeblichen Bemühen gibt der Schüler schließlich den Versuch einer logischen Lösung auf. Von da an beginnt er erst in der richtigen Weise mit dem Koan zu üben. Er denkt nicht mehr über das Koan nach, sondern hat es im Sinn und zwar beständig bei Tag und bei Nacht. Er kommt in eine innere Not, wo er weder eine Lösung findet noch das Koan einfach fallen lassen kann.

Wenn er nun mit großer Intensität weiter mit dem Koan übt, so wird er eines Tages eins mit dem Koan. Er wird das Koan, das Nichts oder die Hand. In dieser Situation ist sein ganzes Bewußtsein sozusagen mit dem Koan ausgefüllt. Aber er übt weiter und weiter, bis plötzlich das Koan aus seinem Bewußtsein verschwindet. In diesem Augenblick ist die vollkommene Bewußtseinsleere erreicht. Selbst das Satori als erstrebtes Ziel ist nicht darin. Nun ist er der Erleuchtung ganz nahe.

Er muß aber mit höchster Anstrengung weiter üben, ohne jede Reflexion und ohne seine Aufmerksamkeit auf irgend ein bestimmtes Objekt zu richten. Das Bewußtsein muß »lückenlos leer« bleiben. Sonst ist die Gelegenheit verpaßt. Wenn ihm das gelingt, so bedarf es nur noch eines ganz geringen Anstoßes, damit sich der Geist öffnet zur neuen Sicht, in der die Erleuchtung stattfindet. Meist ist es eine Sinneswahrnehmung, ein Ton, der an das Ohr dringt oder ein Gegenstand, den nun sein Blick trifft, vielleicht auch ein Gefühl, das Satori auslöst. Aber Voraussetzung ist, daß diese Wahrnehmung vom Meditierenden vollkommen unabhängig und unerwartet stattfindet. Eine Lenkung durch das Subjekt selbst ist unmöglich. Unsere Darstellung mag zu einfach und schematisch sein, aber nur so etwa kann man sich den Prozeß vorstellen, durch den ein Koan zur Erleuchtung führt. Doch selbst auf dem Wege eines Koans dauert es oft viele Jahre, bis man zur Erleuchtung kommt.

Wie gesagt, wird das Koan nicht in allen Schulen in gleicher Weise verwandt. Die Rinzai-Schulen, die systematisch mit dem Koan üben, gebrauchen nicht ein und dasselbe, bis die Erleuchtung erlangt ist. Man übt dort mit vielen Koan nacheinander in einer bestimmten Ordnung, wodurch der

Geist mehr und mehr für die endgültige Erleuchtung vorbereitet werden soll. Diese Art des Koan-Zen, wie man auch sagt, hat die Wirkung, die Denkweise umzuformen und zwar im buddhistischen Sinn und ist daher für einen Christen weniger geeignet und auch weniger wirksam als für einen Buddhisten. Das bedeutet aber nicht, daß der Christ Buddhist werden müsse, um die Erleuchtung zu erlangen.

Hinzu kommt, daß man bei der Verwendung des Koan in der obigen Weise nicht ohne beständige Leitung durch den Zenmeister auskommen kann. Nur ein Zenmeister kann, von allen anderen Gründen abgesehen, entscheiden, wann man von einem Koan zum anderen übergehen darf. Er wird dem Schüler auch gelegentlich durch Hinweise voranhelfen. Er wird mit ihm die Koan lesen und in etwa erklären. Anders ist es, wenn der Meister seinem Schüler ein Koan gibt, mit dem dieser üben soll, bis er zur Erleuchtung kommt. Da genügt es, von Zeit zu Zeit zu den gemeinsamen Übungen zu kommen und bei dieser Gelegenheit vom Zenmeister Anweisungen zu erhalten, was schon an sich bei solchen mehrtägigen Übungen in sehr intensiver Weise vorgesehen ist. Dasselbe gilt für den Fall, daß man ohne Koan und in der Form des *shikantaza* übt.

Der Zenmeister

Wir kommen hiermit zur Leitung durch den Zenmeister, der im Zen stets größte Bedeutung beigelegt wurde. Die Beziehung zwischen Meister und Schüler ist im Orient stets enger gewesen als im Westen. Das tritt im Zen besonders stark zutage. Denn die große Erfahrung, das Satori, wird nicht durch Worte und Schrift weitergegeben, sondern durch *ishin-denshin*: von Seele zu Seele oder von Geist zu Geist.

Auf diese Weise hat schon Buddha seinen ersten Nachfolger, Kasyapa, bestimmt. Dieser ist nicht im Sinn einer Rechtsnachfolge, sondern einer geistigen Erbfolge der geworden, der das Werk des Gründers fortführen sollte. Dasselbe tat Kasyapa vor seinem Tode und alle seine Nachfolger, die aus diesem Grund im Buddhismus Patriarchen genannt werden. Daß es so geschah, entsprach der Sache, um die es ging. Denn das was dort weitergegeben werden sollte und noch heute weitergegeben werden soll, ist nicht eine Lehre oder Philosophie, die durch Studium erworben werden kann, sondern eine innere einzigartige Erfahrung. Gewiß gibt es auch im Buddhismus eine Lehre und Philosophie, die man studieren kann. Aber hier geht es um etwas anderes, nämlich um eine geistige Erfahrung oder Intuition, die sich nicht in Worte fassen läßt, wohl aber, als im Schüler vorhanden oder von ihm erworben, vom Meister mit Sicherheit erkannt werden kann. Diese Fortführung ist im Zen immer viel höher gewertet worden als die buddhistische Lehre oder Philosophie, die sich nach Zeiten ändern kann.

Die Wichtigkeit der Führung, bzw. die Übertragung von Seele zu Seele durch den Zenmeister gilt nicht nur, wenn es sich um die Weiterführung der Tradition in den ganz großen Vertretern des Zen-Buddhismus handelt, sondern auch in jedem einzelnen Falle, wo sich ein Schüler einem Zenmeister als Führer anschließt. Auch heute gilt immer noch der Grundsatz: *ishin-denshin,* unmittelbare Übertragung durch den Geist und nicht durch Wort und Schrift. Gerade dadurch ist die Gewißheit gegeben, daß das Wesen dieser Erfahrung nicht verfälscht wird. Sicher ist auch im Christentum die Leitung durch den Seelenführer betont worden, besonders dann, wenn man in die tieferen Regionen des Gebetlebens eindringt, wo sich der Beter mehr passiv verhält, als wenn er an der Oberfläche bleibt. Im Zen aber ist sie schon von Anfang an so wichtig, weil man sich dort gleich bemüht, in das Unbewußte einzudringen. Zu diesem Zweck stellt man die ich-geleitete geistige Tätigkeit ab und hält sich innerlich vollkommen still. Weil man selbst nichts tut, geschieht etwas oder kann etwas geschehen. Es bedarf also ganz besonders der Führung, solange man selbst noch keine Erfahrung auf diesem Gebiete hat, damit man nicht in die Irre geht.

Aber auch aus positiven Gründen ist die Leitung durch den Zenmeister wichtig. Bei guter Führung kommt man auf diesem Wege schneller voran und mit größerer Sicherheit schließlich auch zur Erleuchtung. Der Fortschritt im *zazen* und die Erlangung des Satori hängen aber nicht nur von der Leitung des Zenmeisters ab, sondern auch noch von anderen Dingen, besonders von der eigenen Veranlagung und vom Eifer, mit dem man übt. In dieser Hinsicht kann der Zenmeister nichts ersetzen. Doch darüber hinaus kann ein erfahrener Zenmeister von unschätzbarem Werte sein.

Bei den mehrtägigen Übungen gehen die Teilnehmer täglich dreimal oder noch öfter zum Zenmeister. Es sind meist ganz kurze Besuche, so daß der Schüler nur wenige Minuten oder noch kürzer mit dem Meister allein in dem sogenannten *dokusanshitsu* (Zimmer für Einzelleitung) ist. Oft wird nur eine kurze Frage gestellt und vielleicht eine noch kürzere Antwort gegeben. Und doch genügt die Zeit, um dem Meister den seelischen Zustand des Schülers zu offenbaren und ihm zur rechten Zeit das rechte Wort zu sagen. Vielleicht ist es nur eine kurze Anregung, die der Schüler zunächst noch nicht versteht und die ihm erst aufgeht, wenn er wieder auf seinem Platz in der Zen-Halle sitzt.

Da die Leitung durch den Zenmeister mit Recht so sehr betont wird, erhebt sich für viele, die das *zazen* erlernen und weiter üben möchten, eine neue Schwierigkeit: Was soll man tun, wenn man keinen Meister findet oder vielleicht eine Einführung bekommen hat, aber später keine

Gelegenheit mehr besteht, den Meister wieder aufzusuchen, wie das oft bei Europäern der Fall ist, die das *zazen* erlernen und weiter üben möchten. Ist es da nicht besser, man fängt erst gar nicht an? Diese Folgerung stimmt nicht. Denn die Erfahrung hat gezeigt, daß man nach einer zuverlässigen guten Anweisung das *zazen* erlernen kann.

Es gibt heute schon ein so reiches Schrifttum über das Zen, daß man sich auf diesem Wege weitgehend unterrichten kann. Sicher aber werden sich, nachdem man einmal angefangen hat, allerlei Fragen einstellen, die man beantwortet haben möchte. Diese soll man vorlegen, sobald sich die Gelegenheit bietet, mit jemandem darüber zu sprechen, der einem raten kann. Wenn es auch kein professioneller Zenmeister ist, so findet man vielleicht doch einen Menschen, der schon mehr Erfahrung hat als man selbst. Wenn es mündlich nicht geht, mag sich eine Möglichkeit bieten, es auf schriftlichem Wege zu tun. Es ist auch sehr zu empfehlen, einen Gedanken- und Erfahrungs-Austausch jener Schüler untereinander zu halten, die das *zazen* mit Ernst und Eifer üben. Das geschieht am besten, wenn man eine Gelegenheit schafft, von Zeit zu Zeit zusammen zu üben.

ZAZEN UND CHRISTLICHE MEDITATION

Wir haben schon verschiedentlich Unterschiede zwischen dem *zazen* und der christlichen Betrachtung berührt und möchten nun, zum besseren Verständnis unseres Themas »Zen-Meditation für Christen«, vom Grundsätzlichen her etwas näher auf die Beziehungen beider zueinander eingehen.

Betrachtung und Meditation

Wenn man von christlicher Betrachtung oder Meditation spricht, so denkt man gewöhnlich an eine Art des betrachtenden Gebetes, das eine religiöse Wahrheit, ein Schriftwort oder ein Ereignis aus dem Leben Christi oder eines Heiligen zum Gegenstand hat. Man denkt darüber nach, reflektiert und zieht eine Lehre daraus, woran sich ein Zwiegespräch mit Gott, Christus oder den Heiligen, also ein Gebet im eigentlichen Sinne anschließt. Diese Art der Betrachtung oder Meditation ist auch bis zur Gegenwart im christlichen Bereich die gebräuchlichste. Wir geben sie im folgenden mit »Betrachtung« wieder. Wo also bei der Untersuchung, die wir nun anstellen wollen, von Betrachtung die Rede ist, ist diese Art gemeint.

Spricht man dagegen im Hinblick auf die östlichen Religionen, den Hinduismus oder Buddhismus, von Meditation, so denkt man meistens an etwas anderes. Im Zen z. B., ist für das *zazen*, das in etwa der Betrachtung im christlichen Bereich entspricht, wie schon erwähnt, nicht einmal das

Wort Meditation, geschweige denn Betrachtung gebräuchlich. Die Bezeichnung Zen-Meditation, die man neuerdings bisweilen auch in japanischen Texten findet, kommt vom Ausland.

Es wäre aber ein Irrtum zu glauben, daß die Betrachtung im oben erklärten Sinn die einzige, im Christentum übliche Betrachtungsweise sei. Die Viktoriner, über die wir später noch mehr hören werden, unterscheiden z. B. da, wo sie von Betrachtung bzw. Meditation sprechen: Denken, Betrachtung und Schau – *cogitatio, meditatio, contemplatio* (Ben. Maj. I, 3 c). In ähnlicher Weise unterscheidet Ignatius von Loyola in seinen Exerzitien: Überlegung *(consideratio)*, Betrachtung *(meditatio)*, Beschauung *(contemplatio)*. Auch heute ist eine Dreiteilung der verschiedenen Betrachtungs- oder Meditationsweisen gültig, nämlich: Betrachtung, Meditation und Beschauung im eigentlichen, d. h. streng mystischem Sinne. Wir werden jedoch in diesem Kapitel nicht über die zuletzt genannte Beschauung sprechen, sondern uns auf die ersten beiden, auf Betrachtung und Meditation, beschränken.

Bei der Unterscheidung zwischen Betrachtung und Meditation müssen wir festhalten, daß sich zwischen beiden nicht eine klar umrissene Grenzlinie befindet oder gar eine Furche wie zwischen zwei Äckern. Der Übergang von der einen zur anderen ist allmählich; beide greifen an den Grenzen ineinander über.

Um uns den Unterschied zwischen beiden klarzumachen, gehen wir zurück auf die zweifache Weise der Erkenntnis, die wir allgemein in der menschlichen Natur finden. Die Erkenntnisfähigkeit ist zwar nur eine, aber sie hat zwei verschiedene Weisen, sich zu betätigen, die Thomas von Aquin mit Verstand *(ratio)* und Vernunft *(intellectus)* bezeichnet. Wir möchten des besseren Verständnisses wegen anstatt Vernunft die Bezeichnung »intuitive Erkenntnisfähigkeit« oder einfach »Intuition« wählen. Wir können diese beiden Betätigungsweisen nach zwei Gesichtspunkten unterscheiden: nach der Art der Betätigung und nach dem Inhalt dessen, was sie erkennen oder erfassen.

Das Typische in der Tätigkeit des Verstandes ist das Fortschreiten von einem Erkannten zum anderen, das diskursive oder schlußfolgernde Denken. Die Tätigkeit des Verstandes ist daher vielfältig und in Bewegung. Sie dringt von dem Vielfältigen und Akzidentellen der Dinge zu ihrem Wesen vor. In dieser Weise sind wir geistig tätig in den Wissenschaften, in der Philosophie und auch im täglichen Leben. Diese Art der Betätigung unserer Denkfähigkeit ist allen Menschen gemeinsam und steht jedem jeder Zeit zur Verfügung.

Dagegen besteht die Tätigkeit der Intuition im Erfassen der Wahrheit mit einem einfachen Blick ohne vorausgehende diskursive Untersuchung. Die Tätigkeit des Verstandes verhält sich daher zu der der Intuition wie die Bewegung zur Ruhe, wie Erwerben zum Haben, wie Werden zum Sein. Die Tätigkeit der Intuition ist das Vollkommenere, wogegen die Tätigkeit des Verstandes als das Unvollkommenere anzusehen ist.

Beim menschlichen Denken ist die Tätigkeit des Verstandes das gewöhnliche. Das hängt damit zusammen, daß der Mensch nicht reiner Geist ist, sondern ein mit dem Körper aufs engste verbundener Geist. Daher ist auch seine geistige Tätigkeit mit der sinnlichen Natur aufs engste verknüpft. Schon unsere Begriffe kommen nur unter Mitwirkung der Sinne zustande. Desgleichen muß der Mensch von einer Wahrheit zur anderen vordringen. Unsere ganze Erziehung und Bildung von frühester Jugend an geschieht auf diesem Wege. Alles praktische und theoretische Wissen eignen wir uns in dieser Weise an. Unterricht, Studium und eigene Erfahrung liegen in dieser Ebene unserer Erkenntnisfähigkeit. Alle wissenschaftliche Tätigkeit vollzieht sich in erster

Linie durch den Verstand. Auch dort dringt man von einem Erkannten zum anderen vor.

Anders ist es bei den reinen Geistern, z. B. den Engeln. Bei diesen ist die Betätigung der intuitiven Erkenntnis das Primäre und Gewöhnliche. Trotzdem ist auch der Mensch im Besitze der als Intuition bezeichneten Erkenntnisfähigkeit. In einigen Dingen ist auch bei ihm die Betätigung durch die Intuition das Normale. Das gilt von den sogenannten ersten Grundsätzen *(prima principia)*, z. B. von dem Prinzip, daß etwas nicht gleichzeitig und im selben Sinne sein und nicht sein kann. Zur Erkenntnis dieser Grundsätze kommen wir ohne irgendwelche logische Schlußfolgerungen von einer Wahrheit zur anderen. Wir erfassen diese Prinzipien intuitiv und brauchen keine Beweise dafür. Und doch kann keine Wissenschaft ohne diese Prinzipien auskommen, sondern setzt sie als selbstverständlich voraus. Sie sind wie (Tür-)Angeln, ohne die kein wissenschaftliches System möglich ist.

Dem Unterschied in der Art der Betätigung von Verstand und Intuition entspricht die Verschiedenheit im Inhalt beider. Der Verstand geht auf das einzelne, auf das Unterschiedliche, Differenzierte. Die Verstandestätigkeit ist differenziert. Dagegen hat die Intuition das Ganze zum Gegenstand; ihre Betätigung ist nicht-differenziert.

Buddhistisch gesprochen ist die *sabetsu no sekai* (Welt der Unterschiede) dem Verstande zugeordnet, während die *byodo no sekai* (Welt der Gleichheit) der Intuition zugeordnet ist. Oder aber: Das einzelne Seiende ist Gegenstand des Verstandes, das ungeteilte Sein selbst dagegen Gegenstand der Intuition. Daher hat auch der Verstand in erster Linie mit dem körperlich Seienden, die Intuition mit dem geistig Seienden, vor allem dem höchsten absoluten Sein, zu tun. Die menschliche Erkenntnis stieg vom Sinnlich-Körperlichen zum Geistig-Seienden auf.

Aus diesen Unterschieden sieht man schon, daß auch dem Inhalt nach keine scharf abgrenzende Linie zwischen Verstand und Intuition besteht, sondern ein allmählicher Übergang. Das ist auch gar nicht anders zu erwarten, da, wie gesagt, Verstand und Intuition nicht zwei verschiedene Fähigkeiten sind, sondern verschiedene Betätigungsweisen ein und derselben Erkenntnisfähigkeit.

Aus demselben Grund besteht eine enge Beziehung zwischen diesen beiden Betätigungen, die natürlich für den Gesamtkomplex unseres menschlichen Denkens und Erkennens von großer Wichtigkeit ist. Welches sind die Beziehungen, die zwischen Verstand und Intuition bestehen? Fast klingt es wie Zen, wenn Thomas von Aquin auf diese Frage antwortet: »Die Ruhe ist ebenso der Ursprung wie das Ziel der Bewegung, weshalb das Bewegte ebenso vom Unbewegten oder Ruhenden ausgeht, wie es zu diesem zurückkehrt oder in dieses einmündet« (De ver., q. 15. a; I. q. 79, a 8). Im Zen würde man kurz sagen: »Ruhe ist Bewegung, Bewegung ist Ruhe.« Wendet man dieses auf Verstand und Intuition an, so heißt es, daß der Verstand (Bewegung) von der Intuition (Ruhe) ausgeht und wieder zu ihr zurückführt oder wenigstens zurückführen sollte.

Die Intuition ist also das Primäre und der Verstand etwas von ihr Abgeleitetes, ihr untergeordnet. Das bedeutet nun praktisch, daß die Erkenntnis, die durch den Verstand erlangt wird, noch nicht das volle Erfassen des Erkannten ist. Das entspricht dem, was wir vorher von dem Gegenstand der beiden Denkweisen gesagt haben, nämlich: daß der Verstand auf das Seiende, mithin das Differenzierte, die *sabetsu no sekai*; die Intuition dagegen auf das Sein selbst, das Ganze und Ungeteilte, die *byodo no sekai* geht. Daraus aber ergibt sich, daß jede, durch den Verstand erworbene Einzelerkenntnis in der Wesenserkenntnis durch die Intuition vollendet werden muß, um ganz unser geistiges Eigentum zu werden. In diesem Sinne sagt Thomas Merton: »Jede Wissenschaft muß daher erfüllt sein von dem Bewußtsein ihrer Grenzen und von dem Verlangen nach einer lebendigen Erfahrung der Wirklichkeit, welche dem spekulativen Denken allein unerreichbar bleibt.«[5]

Auf Grund des Unterschiedes zwischen Verstand und intuitiver Erkenntnis kann man nun auch zwischen Betrachtung und Meditation unterscheiden. In der Betrachtung betätigt sich nämlich vor allem der Verstand durch das ihm eigene diskursive oder schlußfolgernde Denken gleichzeitig mit der Betätigung der sinnlichen Vorstellungskraft. Mit dem Wesen des Verstandes hängt auch zusammen, daß er stets in der Subjekt-Objekt-Spannung ist. Das wirkt sich natürlich auch auf die Betrachtungsweise aus, die vorzüglich mit dem Verstand getätigt wird und die man deswegen auch als gegenständliche Betrachtung bezeichnet. Aus diesem Grund erfordert dieselbe eine entsprechende Vorbereitung in bezug auf den Betrachtungsstoff, wie jeder weiß, der diese Art der Betrachtung erlernt hat.

Dem gegenüber betätigt sich bei der Meditation im eigentlichen Sinn, wie man sie heute versteht, die intuitive Kraft als solche. Wie sich aus dem Gesagten ergeben dürfte, arbeitet die Intuition, ihrer Eigenart entsprechend, nicht mit einer Zerlegung von Subjekt und Objekt. Denn in ihrem Grund ist die Spannung: Subjekt-Objekt nicht vorhanden, sondern in ihr teilt sich das (eine) Sein, das nie als Gegenstand vorkommt, selbst mit. Daher nennt man die mit der intuitiven Kraft vollzogene Meditation übergegenständlich. Sie erfaßt die Wahrheit mit einem einzigen Blick. Man kann sich jedoch dieses Geschehen nicht richtig vorstellen, solange man versucht, es mit dem Verstande zu tun. Denn

---

[5]) Thomas Merton: »Der Aufstieg zur Wahrheit«, Benziger Verlag, Einsiedeln 1952, S. 62.

der Verstand zerlegt, wogegen die Intuition Einheit ist. Bei dem Versuch einer verstandesmäßigen Erklärung wird das zu Erklärende zunichte. Es entweicht wie die Luft, die man mit der Hand zu fassen versucht.

Da die mit der intuitiven Erkenntnis vollzogene Meditation nicht das (einzelne) Seiende und Differenzierte zum Gegenstand hat, ist sie besonders auf das Geistige, speziell auf den absoluten Geist gerichtet oder von diesem beinhaltet. Tatsächlich vollzieht sich in der Meditation, von der hier die Rede ist, eine weit intensivere geistige Tätigkeit als bei der Betrachtung, die vorwiegend durch den Verstand vollzogen wird. Sie steht daher auch der Tätigkeit des reinen Geistes näher als letztere. Wir dürfen uns eben den Inhalt der Meditation nicht vorstellen als etwas Gegenüberstehendes. Auch wenn dieser Inhalt oder »Gegenstand« der Meditation der absolute Geist, Gott, ist, so wird er nicht als etwas, dem menschlichen Geist Gegenüberstehendes (Gegen-stand), sondern als mit dem menschlichen Geist Vereinigtes erfaßt und empfunden, wie alle christlichen Mystiker bestätigen.

Ferner ist zu beachten, daß diese Meditation dem Menschen nicht ohne weiteres zur Verfügung steht, wie dies bei der Betrachtung der Fall ist. Das wurde schon allgemein von der Betätigung der intuitiven Erkenntnis gesagt und gilt auch hier. Wenn man mit dem Verstand und der sinnlichen Vorstellung betrachten will, so ist natürlich ein Mindestmaß von geistiger Frische erforderlich; normalerweise aber kann das jeder Mensch, wenn er es ernstlich will.

Um in dem beschriebenen Sinn eine Meditation auszuführen, genügt der ernstliche Wille dazu nicht, selbst wenn die für jede geistige Tätigkeit erforderliche Frische vorhanden, vielleicht in noch höherem Grade vorhanden ist. Es ist eine besondere Vorbereitung dazu nötig. Das ist freilich nicht so zu verstehen, daß man sich jeweils etwa eine halbe

Stunde vorbereiten müsse, um eine Meditation zu üben. Es erfordert eine viel längere, vielleicht jahrelange Vorbereitung, um diese Art der Meditation vollziehen zu können. Dann freilich, wenn diese Fähigkeit einmal erworben ist, bedarf es keiner unmittelbaren Vorbereitung mehr, wie dies bei der vorwiegend mit dem Verstande und der sinnlichen Vorstellung getätigten Betrachtung dringend anzuraten ist. Es genügt, daß ein in dieser Meditation Geübter seinen Blick nach innen kehrt, um in die Meditation einzutreten. Es ist ihm zu jeder Zeit und an jedem Ort, mit einem geringen Maß von geistiger Frische, möglich. Auch ermüdet diese Art der Meditation den Kopf nicht, wie das bei längeren Betrachtungen gegenständlicher Art unvermeidlich ist.

Die für die eigentliche Meditation erforderliche Vorbereitung kann auf verschiedene Weise vollzogen werden. Im christlichen Bereich geschieht sie meistens durch die längere Zeit geübte Betrachtung, indem mehr und mehr die Verstandestätigkeit zurücktritt, bis sie schließlich in die mit der Intuition geübte Meditation übergeht. Oder aber: Man wartet nicht, bis sich der Übergang zur Meditation von selbst vollzieht, sondern bemüht sich darum, nachdem man längere Zeit die Betrachtung geübt hat. Dabei ist es von Wichtigkeit, daß der richtige Zeitpunkt, nicht zu früh und nicht zu spät, für dieses Bemühen gewählt wird. Von dieser Art der Vorbereitung wird die Rede sein, wenn wir von der »Wolke des Nichtwissens« weiter unten sprechen.

Eine dritte Art der Vorbereitung ist das *zazen*. Wenn dieses wirklich zueigen gemacht ist, wird es selbst zu einer durch die Intuition geübten Meditation. Das trifft allerdings nicht von Anfang an auf das *zazen* zu. Wenn sich jemand nach Vorschrift hinsetzt und alles beobachtet, was für das *zazen* vorgeschrieben ist, so ist das noch nicht in jedem Fall »Meditation«. Daher ist es auch nicht üblich, das *zazen* als Meditation zu bezeichnen, obwohl es neuerdings oft geschieht. Denn es trifft nicht zu, daß man im Anfang während des *zazen* eine Betrachtung mit dem Verstande und der sinnlichen Vorstellung vollzieht. Das *zazen* geht, wenigstens traditionell, nicht den Weg über die Betrachtung, um zu seinem Ziel zu kommen, sondern es schließt von vornherein das diskursive Denken und die sinnliche Vorstellung aus. Es hat daher auch keinen Gegenstand zur Betrachtung.

Auch das Koan ist nicht als Meditation anzusehen, sondern hat wie bereits erklärt eine andere Funktion. Wenn das *zazen* aber so weit fortgeschritten ist, daß es zum *zanmai* (vgl. S. 51) führt, dann wird es zur echten Meditation, von der hier die Rede ist. Auch dort aber ist der Inhalt nicht irgendein differenziertes Seiendes, sondern das indifferenzierte Sein. Im höchsten Maße ist das in der Wesensschau *(kensho)* der Fall, in der das Sein als solches experimentell erfaßt wird und weder das Selbst noch sonst etwas als getrennt empfunden wird. Dort ist völlige Einheit von Subjekt und Objekt. Daher verschwindet, bevor dieser Augenblick eintritt, das Koan vollständig, wie das immer wieder durch die Erfahrung jener, die dieses Erlebnis hatten, bestätigt wird. Das *zazen* ist also im fortgeschrittenen Stadium eine Art jener Meditation, die mit der Intuition als solcher vollzogen wird und daher überdiskursiv und übergegenständlich ist.

Im christlichen Bereich kennen wir diese Art der Meditation nicht nur auf Grund der Erfahrungen und der darauf fußenden Lehre der Mystiker, sondern diese Möglichkeit ergibt sich schon aus der Struktur der menschlichen Erkenntnisfähigkeit. In diesem Sinn ist auch das *zazen* Meditation, vorausgesetzt natürlich, daß es in Verbindung mit einem religiösen Glauben getätigt wird. Ob dieser Glaube ein buddhistischer oder christlicher ist, ändert an dem Charakter der Meditation nichts; im einen Falle ist das *zazen* dann eben buddhistische und im andern christliche Meditation. Nach christlichem Sprachgebrauch ist damit das *zazen* auch eine Art von Gebet.

Wenn man freilich den Begriff Gebet auf das Bittgebet beschränkt, wie das in den japanischen Religionen gewöhnlich geschieht, kann man das *zazen* nicht als Gebet bezeichnen. Im Christentum faßt man das Wort »Gebet« viel weiter und schließt jede religiöse Meditation ein. Die Meditation, wie sie hier gemeint ist, wird sogar als Gebet höher gewertet als das gewöhnliche Bittgebet. Man nennt sie bisweilen das »reine« Gebet oder das »wesentliche« Gebet.

Obwohl nun diese hochstehende Meditation dem Menschen nicht ohne weiteres zugänglich ist, so darf man doch nicht meinen, daß sie das Vorrecht einzelner, gewissermaßen ein religiöser Luxus wäre, während sich die anderen ihr Leben lang mit der Betrachtung begnügen müssen. Der Grund dafür ist einleuchtend. Die Betrachtung bleibt trotz allem, was sie uns gibt, sozusagen an der Oberfläche der Seele. Je mehr sie sich dagegen der eigentlichen Meditation nähert, desto mehr dringt sie in die Seele ein. Die eigentliche Meditation selbst vollzieht sich in den Tiefenschichten der Seele. Und nur wenn sich die Betrachtung bzw. Meditation bis dorthin auswirkt, erfaßt sie das Wesen des Menschen und hat eine dauernde Wirkung. Erst dann kann sie ihre Aufgabe, den Menschen umzuwandeln, ihn zu einem neuen Menschen zu machen, voll erfüllen. Was nur bis zur Oberfläche geht, vermag sich den dieser Umwandlung entgegenstehenden Einflüssen gegenüber nicht zu halten. Mit anderen Worten: Man muß zur Meditation im eigentlichen Sinn kommen, wenn auch nicht notwendigerweise zur Zen-Meditation.

*Übergang von der gegenständlichen Betrachtung
zur übergegenständlichen Meditation*

Daß die Betrachtung bzw. Meditation von großer Wichtigkeit für die Vertiefung und Stärkung des religiösen Lebens ist, und daß sie sich mehr und mehr von der Verstandestätigkeit absetzen und mehr affektiv und einfacher werden sollte, wird im christlichen Bereich de facto immer wieder betont. Es gibt denn auch in allen Sprachen der Welt Betrachtungsbücher, die zur Betrachtung durch Verstand und Sinnesvorstellung anleiten. Aber man findet in der allgemein bekannten neueren christlich-aszetischen Literatur kaum Schriften, die die große Bedeutung jener Meditation, von der hier die Rede ist, betonen und noch weniger solche, die praktische Anleitung geben, wie man dieselbe erlernen kann.

Geht man einen Schritt weiter, nämlich zur Mystik, so wird das Schweigen gebrochen und man findet eine reiche Literatur, die allerdings in den allermeisten Fällen die Mystik als ein verschlossenes Paradies behandelt. Das Zwischenglied fehlt. Wenn man sich darüber unterrichten will, muß man auf das Mittelalter zurückgreifen, auf die Viktoriner, Eckhart und Tauler und die schon erwähnte »Wolke des Nichtwissens«. Diese Schriften sind heute wenig bekannt und noch weniger gelesen und überdies naturgemäß für Menschen einer Zeit geschrieben, die fünf bis sechs Jahrhunderte zurückliegt.

Manche christlichen Bekenntnisse haben sich bemüht, auf diesem Gebiete etwas zu finden, das dem modernen Menschen angepaßt ist. Das geschah und geschieht noch zum Teil mit östlichen, nicht-christlichen Methoden. Wenn man von kirchlicher Seite her in dieser Hinsicht immer noch äußerst zurückhaltend ist, so hat das zum Teil seinen Grund in den trüben Erfahrungen, die man in der Vergangenheit mit den Verirrungen einer falschen Mystik gemacht hat. Man muß auch zugeben, daß der zielbewußte Weg in die Meditation, wie wir sie hier verstehen, ein Wagnis ist; denn sie ist ein Sprung ins Unbewußte. Trotzdem muß der Mensch dieses Wagnis auf sich nehmen, da die Meditation »nur in diesem Raum gedeihen kann«.[6]

Es kommt hinzu, daß auch das zu lange Verweilen bei der Betrachtung nicht ohne Gefahr ist. Es ist nämlich eine immer wieder durch die Erfahrung bestätigte Tatsache, daß die Betrachtung bei den meisten Menschen auf die Dauer »vertrocknet«. Einmal kommt die Zeit, wo die Quellen erschöpft sind. Nicht als ob es jemals am Betrachtungsstoff fehlen könnte – die Hl. Schrift allein ist unausschöpflich –, sondern in dem Sinn, daß die Betrachtung uns nicht mehr anregt. Dann aber besteht die Gefahr, daß man die mit so großem Eifer begonnene Übung der Betrachtung wieder aufgibt, und weder Betrachtung noch Meditation übt.

Aber es gibt noch ernstere Gefahren, z. B. daß der Mensch sich durch zu anthropomorphe Vorstellungen des Geistigen »Götzen« schafft, die zu einem unüberwindlichen Hindernis für das Vordringen zum Wesen Gottes selbst werden und schließlich sogar den wahren Glauben in Gefahr bringen. Diese Gefahr ist für den modernen Menschen besonders groß. Viele Menschen unserer Zeit haben ihren Gottesglauben verloren, weil sie mit allzu anthropomorphen Gottes-Vorstellungen aufgewachsen sind und nicht rechtzeitig zu einer mehr geistigen Auffassung von Gott angeleitet wurden. Wer dagegen einmal zum Wesen Gottes vorgedrungen ist – soweit das dem Menschen in diesem Leben möglich ist –, verliert den Glauben an Gott nicht mehr. Der moderne

---

[6] Vgl. I. B. Lotz S.J.: »Meditation im Alltag«, Verlag Josef Knecht, Frankfurt/M., 3. Aufl. 1963. S. 65.

Mensch hat denn auch ein außerordentlich großes Verlangen nach der Gotteserfahrung.

Es dürfte klar geworden sein, daß der Übergang zu einer Art tieferen Meditation auf die Dauer, wenn irgend möglich, geschehen sollte. Das ist auch im christlichen Bereich oft betont worden. Desgleichen hat man immer wieder die verschiedenen Stadien beschrieben, in denen dieser Übergang vollzogen werden sollte. Wir wollen uns kurz daran erinnern.

Nachdem man lange Zeit in der gewohnten Weise betrachtet hat, soll die Verstandestätigkeit, also das Denken über die Dinge, vermindert werden. Das ist der Grund dafür, daß Ignatius bei seinen 30tägigen Exerzitien nicht in jeder Betrachtung ein neues Thema vorlegt, sondern mehrere Wiederholungen desselben Themas anstellen läßt, von denen die letzte in Form einer »Anwendung der Sinne« zu vollziehen ist. Bei dieser gibt es kaum noch ein Denken, sondern nur noch ein geistiges Schauen und Fühlen. So sagt er z. B. an einer Stelle, man solle die »unaussprechliche Süßigkeit der Gottheit schmecken« – »*odorari et gustare olfactu et gustu infinitam suavitatem ac dulvedinaem divinitatis*« (Cont. De Incarnatione et Nativitate).

Wenn die Tätigkeit des Verstandes mehr zurücktritt, dann überwiegt die des Willens. Das ist jedoch nicht so zu verstehen, daß nun ein starker Einsatz des Willens stattfindet, sondern daß die Betrachtung mehr affektiv wird. Das heißt: Die Betrachtung wird zu einem Gespräch mit Gott, also im eigentlichen Sinn zum Gebet. Ein weiterer Schritt ist dann, daß die Tätigkeit des Willens vereinfacht wird: Anstatt vieler Affekte oder Anrufungen zu Gott wird die innere Haltung zu einem einzigen auf Gott gerichteten Willensakt, der längere Zeit andauert. Es ist, wie wenn man ein Gemälde längere Zeit studiert hat und nun das ganze Bild auf sich wirken läßt. Die Haltung ist also mehr passiv als aktiv. Es ist eine Art »erworbene Beschauung«.

Hugo von St. Viktor vergleicht diesen Prozeß mit einem Feuer, das allmählich das Brennholz verzehrt: Nur schwer ergreift das Feuer grünes Holz. Wird es aber durch Blasen angefacht, so flammt es auf und verbindet sich mit dem Stoff, den man ihm darbietet. Rauchwolken steigen auf und schwache Funken erglühen. Die Flamme erhebt sich, endlich ist der Rauch verflogen und ein reiner, leuchtender Glanz wird sichtbar. Die sieghafte Flamme durchdringt das Holz und hat nicht Ruhe, ehe sie nicht seine innersten Teile ganz durchglüht und verwandelt hat. Wenn alles verzehrt und vom Feuer ergriffen ist, dann schwindet jedes Geräusch und Zischen, und das zuvor so verzehrende Feuer verharrt, nachdem es sich alles unterworfen hat, in tiefem Frieden und großer Stille. Es findet nichts mehr, das ihm wesensfremd und feindlich wäre.

So ist auch unser Herz wie grünes Holz, noch durchdrungen von der Feuchte der Begehrlichkeit. Hat es einige Funken der Furcht und der Liebe Gottes empfangen, dann erheben sich, qualmendem Rauch gleich, die Leidenschaften. Allmählich gewinnt der Geist an Kraft, die Flamme der Liebe wird lebhafter und leuchtet mit größerem Glanze. Bald erschöpft sich der Rauch der Leidenschaften. Der Geist erhebt sich rein zum Schauen der Wahrheit. Endlich, wenn der Geist ganz vom Schauen der Wahrheit durchdrungen ist, wenn er ergriffen und verwandelt ist im Feuer der Liebe, dann schweigt jeder Lärm und jede leidenschaftliche Erregung: der Geist ruht.[7] Dem letzten hier beschriebenen Stadium entspricht die Meditation, wenn sie in die Beschauung übergegangen ist. Bevor das im vollen Sinne geschieht, werden normalerweise noch andere Stufen erfah-

---

[7] Vgl. In Ecclesiasten. »Homilia I«.

ren, die man bisweilen als unvollkommene Beschauung bezeichnet. Von diesen soll nun die Rede sein.

Die erste Stufe ist das »Gebet der Sammlung« auch »Übernatürliche Sammlung« genannt. Es besteht darin, daß sich die Seelenkräfte dem Inneren der Seele zuwenden. Eine andere Ausdrucksweise für dieses Geschehen: Diese Kräfte kehren zu ihrem Ursprung, d. h. in den Seelengrund zurück und dort sind sie geeinigt oder »gebunden«. Das soll heißen: Sie können sich nicht mehr getrennt voneinander betätigen. Versucht man es trotzdem, so gleitet man sogleich aus der inneren Sammlung heraus. Wenn man daher im Zustand dieser tiefen Sammlung versucht, über etwas nachzudenken oder besonderes Augenmerk auf etwas zu richten – und wären es auch Dinge, die mit Gott eng zusammenhängen –, so wird man eher das Gefühl haben, sich von Gott zu entfernen als sich ihm zu nähern. Würde man in solchem Zustand eine »gegenständliche Betrachtung« üben oder sie versuchen, so hieße das in der Sprache des vorher angeführten Vergleiches mit dem Feuer: feuchtes Holz auf die bereits rauchfreie reine Glut legen und für die Augen schmerzenden Qualm aufsteigen lassen. Man würde einem Menschen gleichen, der meint, er sei am Verdursten, während er doch im Wasser steht. Dieses Bild finden wir bei Dogen, dem Begründer der japanischen Soto-Schule.

Ein chinesischer Meister braucht in ähnlicher Lage den Ausdruck: einen zweiten Kopf auf den eignen Kopf setzen wollen. In dieser Sammlung ist die Subjekt-Objekt-Spannung ganz oder beinahe aufgehoben. Wenn daher jemand diese Art der Sammlung wie von selbst erfährt, soll er sich nicht länger bemühen, während der Meditation über irgend etwas nachzudenken. Er soll vielmehr versuchen, die Seelenkräfte nach innen zu kehren, sich diesem Zuge überlassen und darin verweilen ohne sich Sorge zu machen, daß er damit seine Zeit verliert.

Freilich ist hier noch zu sagen, daß diese innere Sammlung gefühlsmäßig nicht immer gleichartig ist. Bisweilen empfindet man dabei eine tief innerliche Freude, bisweilen ist das nicht der Fall und man fragt sich unwillkürlich: »Bin ich hier auf dem richtigen Wege?« Versucht man dann aber nachzudenken, wie man es früher bei der Betrachtung getan hat, so findet man doch nicht, was man sucht. Harrt man dagegen aus in der Leere oder Trockenheit, wie man es auch nennen kann, so wird man nach Beendigung der Meditation feststellen, daß gerade dieses Verharren in der Leere unerwartet fruchtbar ist, vielleicht noch mehr als im ersten Falle, wo man jene tiefe Freude empfand, von der wir sprachen. Dies trifft besonders zu, wenn man sich dieser Freude genießend hingab und sie festzuhalten suchte.

Im Zusammenhange mit dieser Art der Meditation spricht man in der christlichen Spiritualität auch vom »Gebet der Ruhe«. Damit ist nicht eine neue Art der Meditation gemeint, sondern ein Zustand, der in Verbindung mit der inneren Sammlung auftreten kann, anfangs aber gewöhnlich nicht lange dauert. Es ist, wie die Bezeichnung schon andeutet, ein Zustand vollkommener Ruhe, verbunden mit tiefem Frieden und einem intensiven Gefühl der Freude. Die Subjekt-Objekt-Spannung ist dabei fast aufgehoben.

Die Meditation der Sammlung und der Ruhe, sowie noch manche andere ähnliche Erfahrungen liegen, nach dem im christlichen Bereich üblichen Sprachgebrauch, gewissermaßen im Vorfeld der christlichen Mystik. Es ist das Gebiet der Meditation im eigentlichen Sinn, wie wir sie vorher im Gegensatz zur Betrachtung beschrieben haben. Je nach dem, wie weit diese Meditation fortgeschritten ist, und ob sie durch beharrliches Üben, in Verbindung mit dem aufrichtigen Streben nach christlicher Vollkommenheit, getätigt wurde, gehört auch sie dem Bereich der erworbenen Beschauung an. Diese Bezeichnung kommt ihr sogar noch mehr zu als der vorher genannten Art. Denn sie ist übergegenständlich, während die vorher genannte Art immer noch – man denke an das Bild, das man auf sich wirken läßt – gegenständlich war.

Überdenkt man das Gesagte, so wundert man sich, daß manche östliche Meditationsweisen von christlicher Seite abgelehnt werden, weil sie keinen Gegenstand der Betrachtung haben. Denn wer die christliche Spiritualität auch nur theoretisch einigermaßen kennt, weiß, daß es dort ein Gebet der Sammlung und der Ruhe gibt, in dem nicht über einen Gegenstand nachgedacht wird. Es gibt gewiß keine christliche Meditation, in der Gott nicht ist oder sogar ausgeschlossen wird. Aber Gott kann dort sein als Gegen-stand oder in der Vereinigung und zwar bewußt als der ganz Andere oder unbewußt und nicht »umschrieben«.

Damit haben wir den Weg zur tieferen Meditation, wie er im christlichen Bereich gewöhnlich dargestellt wird, wohl einigermaßen aufgezeigt. Mit ihm wollen wir nun den Weg des Zen, die Zen-Meditation, vergleichen. In bezug auf die Methode der Meditation ergibt sich das Resultat ohne weiteres aus dem, was vorher über den Vollzug des *zazen* gesagt wurde: Im traditionellen Zen gibt es keinen Gegenstand; die Meditation beginnt sofort mit dem Bemühen um die Bewußtseinsleere. Es wird über nichts nachgedacht, es sei denn als Mittel zum Zweck. In diesem Sinne wird die Konzentration auf den Atem oder das Koan verwandt. Beim *shikantaza* gibt es nicht einmal in diesem Sinne ein Objekt. In Hinsicht auf das, was wir über die Weiterentwicklung der christlichen Betrachtung zum Gebet der Sammlung und der Ruhe gesagt haben, wäre gewiß ein Vergleich mit dem *zazen* möglich. Das kann aber erst geschehen, nachdem wir über die Wirkungen des *zazen* eingehend gesprochen haben, was im nächsten Kapitel geschehen soll.

Die Frage, ob und wann in der christlichen Meditation

der je weitere Schritt zu tun sei, vor allem wann man die gegenständlichen Betrachtungen aufgeben und zu einer Meditation ohne Gegenstand, also zur Meditation im eigentlichen Sinn übergehen soll, ist stets als eine Frage von großer Bedeutung angesehen worden. Es ist überdies eine Frage, die in jedem Falle einzeln entschieden werden muß. Man ist sich im allgemeinen bisher darin einig gewesen, daß man längere Zeit die gegenständliche Betrachtung üben solle, bevor man zur eigentlichen Meditation übergeht. Dafür werden verschiedene Gründe angeführt.

Als erster wird angegeben, daß es überhaupt nicht anders möglich sei, weil man bei dem Versuch, von vornherein ohne ein Objekt zu meditieren, doch nur zerstreut sein würde und damit die Betrachtung nur Leerlauf und sinnlos wäre. Als weiterer Grund wird geltend gemacht, daß man für die nächste Stufe der Betrachtung, für die Meditation, zunächst das notwendige Material oder die Unterlagen schaffen müsse. Da sie mehr affektiv sei, müsse sie durch eine weitgehend mit Gedächtnis und Verstand zu vollziehende Betrachtung vorbereitet werden. Hier kommt das Prinzip: *nihil volitum nisi cognitum* (nichts wird gewollt, das nicht erkannt ist) zur Anwendung. In der christlichen Betrachtung geht es vor allem um die Offenbarungsinhalte, die wir im Evangelium finden. Erst nachdem man sich diese, wenigstens bis zu einem gewissen Grade, angeeignet habe, könne und dürfe man die Tätigkeit des Gedächtnisses und des Verstandes einschränken.

Drittens wird gesagt, es entspräche nicht dem Geist der im Christentum gerade heute wieder stark betonten »Inkarnation«, alles, was sinnenhaft sei, von vornherein abzulehnen, sondern man müsse auch das Sinnenhafte bejahen und über dieses zum Geistigen fortschreiten. Viertens sei das Meditieren des Evangeliums notwendig, um sich die Glaubensgeheimnisse wirklich zu eigen zu machen, die seinen Kern ausmachen, insofern es Offenbarungsreligion ist. Als fünfter Grund wird hervorgehoben, daß christliche Vollkommenheit wesentlich Nachfolge Christi, diese aber ohne Betrachtung des Lebens und Leidens Christi schlechterdings unmöglich sei. Auch die großen Lehrer des Gebetes im Mittelalter, die der Mystik gegenüber viel offener waren als die Mehrzahl der bis in die Gegenwart maßgeblichen Autoren, erkennen die Notwendigkeit der gegenständlichen Betrachtung an. Bekannt ist, daß die hl. Theresia von Avila die Notwendigkeit der Betrachtung der Menschheit Christi immer wieder betont und zwar auf Grund ihrer eigenen Erfahrung.

Aus allen diesen Gründen drängt sich für die christliche Meditation unausweichbar die Frage auf, wann der Übergang von der einen zur anderen Art – nicht zu früh und nicht zu spät – geschehen sollte. Wir werden im Laufe unserer Ausführungen noch verschiedentlich darauf zu sprechen kommen. Hier aber geht es uns zunächst um den Vergleich mit der Zen-Meditation. Bei dieser aber kommt dieses Problem gar nicht in den Blick, weil sie von vornherein die gegenständliche Meditation ablehnt.

Vom Ursprung dieser Meditation, dem Buddhismus, her gesehen, ist diese Verschiedenheit des Vorangehens zu verstehen. Denn der Buddhismus geht davon aus, daß die sinnlich wahrnehmbare Welt keine volle Wirklichkeit hat. Es kommt ihm daher darauf an, zunächst und möglichst direkt auf kürzestem Wege zur Erfahrung der letzten und eigentlichen, nach ihm sogar einzigen Wirklichkeit zu gelangen. Daher geht seine Meditation, mit Ausschluß von allem anderen, unmittelbar auf die Erfahrung des Absoluten zu.

Erst wenn dieses Ziel erreicht ist, wird auch die sichtbare Welt gewissermaßen wirklich und bedeutungsvoll, indem sie das Absolute transparent macht, wie wir dies bei der

Besprechung der buddhistischen Weltanschauung angedeutet haben.

Der Weg der Zen-Meditation führt über das Nichts zum Absoluten, während die christliche Meditation zunächst über die Geschöpfe zum Schöpfer geht. So könnte man es, auf eine kurze Formel gebracht, ausdrücken. Beide Wege haben ihre Berechtigung und sind möglich. Beide haben auch ihre Schwierigkeiten und Gefahren. Wir möchten eine Synthese beider Wege finden.

WIRKUNGEN DER ZEN-MEDITATION

Die Wirkungen des *zazen* sind vielerlei und auch bei den einzelnen Menschen in etwa verschieden. Am besten teilen wir sie in negative und positive ein. Die negativen Wirkungen sind negativ in dem Sinne, daß sie mit Bezug auf den Zweck der Meditation negativ zu bewerten sind, also in sich nicht erwünscht, obwohl zum Teil unvermeidlich. Die positiven dagegen sind Wirkungen, die in sich positiv zu bewerten sind und in Richtung auf die Erleuchtung einen Fortschritt bedeuten. Sie sind auf jeden Fall ein Gewinn für den Meditierenden, auch wenn er niemals zur Erleuchtung kommt.

Von den negativen Wirkungen möchten wir in dieser Arbeit nur eine erwähnen: das Phänomen des *makyo*[8]. *Makyo* heißt soviel wie Teufelswelt. Dieses Phänomen besteht darin, daß vor den Augen des Meditierenden Gestalten oder Dinge sichtbar werden, die tatsächlich nicht vorhanden sind. Die Gestalten können angenehmer oder unangenehmer Art sein. Manchmal mögen es Buddhas, ein ander Mal ein wildes Tier und dergleichen mehr sein. Es können auch Lichterscheinungen sein. Seltener werden Laute gehört, aber dann so deutlich, daß man meinen könnte, man würde angerufen.

Es ist zu beachten, daß solche Phänomene während des *zazen* bei ganz normalen Menschen auftreten, aber erst dann, wenn sie tief in die Sammlung hineingekommen sind. Erklärt werden sie von den Zenmeistern in ganz natürli-

---

[8]) Für andere Phänomene verweisen wir auf Enomiya Lassalle: »Zen-Buddhismus«, Verlag Bachem, Köln 1966. S. 65 ff.

cher Weise. Da das Bewußtsein weitgehend entleert wird, können aus dem Unbewußten dort immer vorhandene Bilder in das Bewußtsein eindringen, und das mit solcher Stärke, daß sie Wirklichkeiten zu sein scheinen. Andererseits ist das Auftreten dieser Phänomene ein Zeichen dafür, daß der Schüler das *zazen* richtig übt. Oft tritt bei Menschen, die schnell zur Erleuchtung kommen – auch das ist bei einzelnen verschieden – nach den Erscheinungen die Erleuchtung ein, vorausgesetzt, daß der Schüler sich nicht um diese kümmert und einfach weiter meditiert. Er kann sich dabei auf den Atem konzentrieren, ein Koan im Sinne haben oder das *shikantaza* üben. Die Zenmeister werden nicht müde, ihre Schüler zu ermahnen, sich nicht um das *makyo* zu kümmern, ganz gleich was es ist. In diesem Sinn ist also das *makyo* negativ zu bewerten.

Positiv unter den Wirkungen des *zazen* ist vor allem das *zanmai*. Das Wort kommt von dem indischen *samadhi*. Die Bedeutung ist aber nicht ganz dieselbe. Während man im Yoga viele Stufen des *samadhi* unterscheidet, wobei die höchste dem Satori im Zen entspricht, wird im Zen das Wort *zanmai* niemals im Sinn von Satori gebraucht. Mit *zanmai* wird eine tiefe Sammlung bezeichnet, die verschiedene Grade haben kann. Sie kann so tief sein, daß man vollkommen absorbiert ist, auf nichts mehr achtet, die Zeit nicht mehr fühlt und auch den Schmerz nicht, obwohl er noch vorhanden ist. Trotzdem ist auch dann das *zanmai* nicht gleichbedeutend mit Ekstase, in der die Sinne unempfindlich werden.

Weiterhin kann das *zanmai* vorhanden sein, ohne daß man sich dessen bewußt ist. Die Zenmeister sagen sogar häufig, daß man das eigene *zanmai* nicht kennt. Das ist in etwa verständlich, wenn man bedenkt, daß das *zanmai* ein Einheits-Erlebnis ist. Wird man sich dessen bewußt, so wird es zum Gegen-stand, und die Einheit ist zerrissen.

Dieses *zanmai* kann auch außerhalb der Meditation vorhanden sein, selbst wenn man anderweitig beschäftigt ist. Aus diesem Grunde kann auch Satori auftreten, während man eine Arbeit verrichtete. Der Zustand des *zanmai* ist die einzige notwendig zu erfüllende Voraussetzung für das Satori. Das heißt: Satori kann nur in diesem Zustand erlangt werden. Das *zanmai* ist eine Bewußtseinsleere und doch wieder nicht; denn man kann es haben, obwohl man mit irgend etwas bewußt beschäftigt ist. Man ist dann trotz der Beschäftigung, und obwohl man auf nichts anderes als auf diese Beschäftigung konzentriert ist, innerlich vollkommen gelöst. Bei den meisten Menschen ist aber vieles Üben d. h. viel Meditieren in der Art des *zazen* voraus gegangen, bis dieser Zustand der Gelöstheit zu einem dauernden wurde. Bei solchen Menschen wiederholt sich denn auch häufig das Satori, ohne daß sie daran denken. So erklärt sich, daß man von Hakuin sagen konnte, er habe die Wesensschau unzählige Male gehabt.

Der Zustand des *zanmai* hat große Ähnlichkeit mit dem, was wir vorher als Gebet der Sammlung bezeichnet haben. Auch hier wendet sich alles nach innen. Das diskursive Denken wird unmöglich oder man fällt aus der Sammlung heraus. Ferner ist auch beim *zanmai* das Gefühlselement nicht immer dasselbe. Bisweilen fühlt man eine tiefe, oft kaum bemerkbare Freude, bisweilen nicht. Auch die Nachwirkungen sind ähnlicher Art. Es scheint uns daher, daß psychologisch das *zanmai* im Zen dasselbe ist wie das Gebet der Sammlung. Auch mit dem Gebet der Ruhe besteht große Ähnlichkeit. Die vollkommene Ruhe tritt auch im Zen bisweilen, bei weit Fortgeschrittenen sogar häufig auf. Je mehr man das *zazen* übt, desto leichter gleitet man in das *zanmai* hinein, desto tiefer wird es. Das *zanmai* ist dann auch die Bewußtseinsleere, in der die Subjekt-Objekt Spannung ganz oder weitgehend aufgelöst ist.

Nehmen wir einmal an, daß der Zustand des Gebetes der Sammlung und des *zanmai* derselbe ist, dann können wir die Wege zu diesem einen Gemeinsamen mit einander vergleichen. Es ist in beiden Fällen ein gewisser Durchbruch zur Tiefe hin, zum Seelengrund können wir sagen, zu vollziehen. Dabei können die näheren Umstände in beiden Fällen sehr verschieden sein und dementsprechend auch die Auswirkungen. Jedenfalls ist die Ebene, das Niveau, die Seelenschicht nicht das Tagesbewußtsein. Es ist daher auch nicht ohne entsprechende Übung in der Meditation möglich, dorthin zu gelangen.

In der christlichen Meditation übt man, wie gesagt, vorher längere Zeit die gegenständliche Betrachtung, vermindert allmählich die Verstandestätigkeit und vereinfacht die Betätigung des Willens, bis es schließlich gelingen mag, in die tiefere Seelenschicht einzudringen. Auch im Zen kommt der Anfänger nicht sofort in diese Schicht. Er hat lange mit den *moso* (Zerstreuungen) zu kämpfen und mit großem Eifer und viel Ausdauer zu »sitzen«, bis es ihm gelingen wird, ein wenig und nur für kurze Zeit in das *zanmai* zu kommen. Bei eifrigem Üben aber wird es jedem möglich sein bis zu jener Tiefe zu gelangen, welche die Voraussetzung für die Erleuchtung ist. Zur Erleuchtung selbst durchzudringen ist dann noch ein langer Weg, und viele finden ihn nicht, obwohl sie noch weiter üben.

Auf dem Wege der christlichen Meditation stößt man schon früher auf schwer zu überwindende Widerstände. Die Verstandestätigkeit zu verringern, bietet keine besondere Schwierigkeit. Sie kommt von selbst, wenn sich der Meditierende der normalen Entwicklung der Betrachtung überläßt. Es geschieht sogar, daß die Verstandestätigkeit, das Nachdenken in der Betrachtung nicht mehr recht »ankommt«, auch wenn derselbe Mensch gar keine Schwierigkeit hat, getrennt von der Meditation, über ein theologisches Problem oder den Sinn einer Schriftstelle nachzudenken. Wenn er sich zur Meditation hinsetzt, geht es einfach nicht. Es kommen ihm andere Gedanken oder keine Gedanken. Er kommt in der Betrachtung mit dem Nachdenken nicht mehr zum Zug. Bisweilen gelingt es ihm dann wieder. Aber das sind Ausnahmen, und sie werden immer seltener, schließlich hören sie ganz auf. Die Betrachtung, die ihm früher eine religiös anregende, zumal auch zum Gebet im engeren Sinne nützliche Übung war, scheint ihm nun reiner Zeitverlust zu sein. Und doch ist diese Entwicklung ganz normal und nicht im Mangel an Eifer in der Betrachtung begründet. Das letztere kann natürlich auch ein Grund sein und ist es vielleicht oft, aber wir setzen hier voraus, daß der Betreffende alles tut, was er vermag. Wenn er dann versucht, anstatt nachzudenken, einfach zu beten d. h. mit Gott zu sprechen, so geht auch das nicht immer, und falls es eine Zeitlang gut geht, ändert sich dies in den meisten Fällen mit der Zeit. Denn das Sprechen mit Gott kann auch ohne bösen Willen unecht werden.

Der Beter merkt vielleicht nach einiger Zeit, daß dieses Gespräch oder dieses Sprechen mit Gott etwas von seinem eigenen Willen Erzwungenes ist, während es doch aus einer inneren Anregung kommen sollte. Nun wäre es programmmäßig, wenn man so sagen darf, an der Zeit, sich darauf zu beschränken, einen stillen anhaltenden Blick auf Gott zu richten. Dies ist ein Zustand, in dem keine Worte mehr notwendig sind, wenn sie auch bisweilen aus innerer Anregung gesprochen werden. Aber man sollte sich ehrlich eingestehen, daß dies nicht auf Kommando geschehen kann. Kurzum: Wenn jemand den ganzen Weg der Betrachtung bzw. Meditation kennt und ihn gehen möchte, kommt er sich eines Tages vor wie einer, der am Ufer eines breiten und tiefen Flusses steht, über den weder eine Brücke führt noch ein Boot fährt; und doch weiß er, daß er an das gegenüberliegende Ufer kommen muß, da er auf dieser Seite nimmer finden kann, was er sucht und finden sollte. Ein solcher Mensch möchte vielleicht in den Fluß springen, um das andere Ufer schwimmend zu erreichen, aber er muß fürchten, daß ihm auf halbem Wege die Kraft versagt und er in den Fluten den Tod findet.

Das ist nicht selten die Lage auch des eifrigen Beters. Dazu kommen oft noch andere Schwierigkeiten. Er steht im Beruf und ist den ganzen Tag mit seiner Arbeit beschäftigt. Könnte er sich für einige Jahre in ein stilles Kloster zurückziehen, bestünde vielleicht noch Aussicht für ihn. Aber er kann seinen Beruf nicht aufgeben und muß vielleicht eine Familie ernähren, so daß diese Flucht in die Einsamkeit für ihn, auch nur vorübergehend, nicht in Frage kommt. Es gibt gewiß auch Menschen, die glücklicher sind und nach längerer Übung der christlichen Meditation zu einer einfacheren Weise, wie vorher beschrieben, kommen. Eines Tages ergreift es sie und der erstmalige Durchbruch ist vollzogen. Von nun ab wird er leichter und leichter vollziehbar. Vielleicht war es weder eine besondere Veranlagung noch das eifrige Bemühen, die den Durchbruch ermöglichten, sondern eine besondere Gnadenhilfe Gottes. Vielleicht schien es ihm selbst auch so, und er war dankbar dafür. Dem anderen, von dem wir vorher sprachen, wurde diese Hilfe nicht zuteil, daher konnte er nicht an das andere Ufer gelangen.

Man wird in den meisten Büchern, die über die christliche Meditation handeln, die Auffassung finden, daß das Gebet der Sammlung eine Gnade Gottes ist, ohne die man nicht bis dort hin kommen kann, und zwar eine Gnade, die in der freien Wahl Gottes steht *(gratia gratis data)*. Das möge etwas näher erklärt werden. Es besteht kein Zweifel, daß jedem Menschen genügend und noch darüber hinaus Gnade gegeben wird, damit er sein letztes Ziel erreichen kann. Aber es steht Gott doch frei, einige Menschen zu besonderen Aufgaben auszuwählen und entsprechend mehr zu begnadigen, wie das einzig schön im Gleichnis von den Arbeitern im Weinberg dargestellt ist (Matth. 20, 1–16). Von dieser Seite aus ist nichts einzuwenden gegen die Auffassung, dieser Durchbruch zur Tiefe würde erst durch eine besondere Gnade Gottes möglich.

Aber wenn wir die Auffassung des Zen betrachten und sehen, daß derselbe Durchbruch dort mit viel größerer Wahrscheinlichkeit und sogar Sicherheit von jedem, der diese Meditation eifrig und beharrlich übt, vollzogen wird, so bekommt man Zweifel an der soeben wiedergegebenen Ansicht. Es ist gewiß denkbar, daß in vielen Fällen bei christlichen Mystikern auch eine besondere Gnade stark mitwirkte. Aber das ist noch kein Beweis dafür, daß es keinen Weg gibt, auf dem der Durchbruch in dem beschriebenem Maße auch mit natürlichen Kräften möglich ist.

Dieser Durchbruch kann sich natürlich im Falle des einen viel mehr auswirken als im Falle eines anderen Menschen, und das kann mit dem Maße der göttlichen Hilfe zusammenhängen. Wir stellen auch nicht in Abrede, daß diese Hilfe im Falle der Zen-Meditation gegeben werden kann und gewiß auch nicht selten gegeben wird. Aber nach dem, was wir gesagt haben, scheint doch die Zen-Meditation eine besondere Eignung zu haben, das Eindringen in die tieferen Seelenschichten zu ermöglichen. Die vielfach im christlichen Bereich übliche Bezeichnung »übernatürliche Sammlung« für die beschriebene Gebetsweise scheint uns daher nicht glücklich.

Wir möchten nun von zwei typischen Wirkungen des *zazen* sprechen, die nicht die Meditation als solche betreffen, sondern Auswirkungen dieser Meditation sind, die zum Dauerbesitz des Menschen werden. Es sind die durch die Zen-Meditation erlangte Kraft, kurz Meditations-Kraft (jap. *joriki*) und die Einsicht *(chi-e)*. Unter Meditationskraft versteht man die Fähigkeit, die Zerstreuungen des Geistes zum stehen zu bringen und seelisches Gleichgewicht und Ruhe herzustellen. Diese Fähigkeit wirkt sich in erhöhtem Maße als Konzentrationskraft aus. Sie hilft den inneren Frieden zu bewahren und macht den Menschen mehr und mehr frei und unabhängig von allem, was sonst das seelische Gleichgewicht stören kann. Anders ausgedrückt: sie hilft dem Geist über die Gefühle zu herrschen und läßt den Menschen schneller zur Ruhe kommen, wenn diese durch schwere Erschütterungen trotzdem verloren gegangen ist.

Hierbei aber entsteht nicht eine gewisse passive Gleichgültigkeit und Abgestumpftheit. Eher ist das Gegenteil der Fall. Die Zenmeister sind oft starke Persönlichkeiten. Aber auch unter den Zen-Übenden aus dem Laienstande findet man kraftvolle Charaktere, große Staatsmänner und geschäftstüchtige Industrielle.

Das *zazen* beeinflußt jede Berufstätigkeit in günstiger Weise. Das ist wohl darauf zurückzuführen, daß es die Konzentration auf die Arbeit erleichtert. Auch auf das Religiöse wirkt sich diese Kraft positiv aus. Sie erleichtert die innere Sammlung, die für jede Art von Gebet, Meditation und Liturgie von großer Wichtigkeit ist. Gerade in einer so unruhigen Zeit wie in der gegenwärtigen ist das von großer Bedeutung. Findet einer trotz aller Geschäftigkeit Zeit zum Gebet, so ist ihm nicht viel geholfen, wenn er nicht imstande ist, sich von seinen alltäglichen Beschäftigungen auch innerlich freizumachen.

Um es noch klarer zu machen, wollen wir uns daran erinnern, daß der Mensch oft nur zu einem geringen Maße geistig frei ist. Im Zen spricht man von einer Tätigkeit an der »Vorderseite des Geistes« und jener anderen, die man als Tätigkeit an der »Rückseite des Geistes« bezeichnet.

Das deckt sich einigermaßen mit bewußter und unbewußter Tätigkeit oder mit dem Einfluß auf unsere Entschlüsse, dessen wir uns bewußt oder nicht bewußt sind. Viele Menschen denken gar nicht an die unbewußten Einflüsse und sind daher in ihren Entschlüssen und Handlungen nur in sehr geringem Maße wirklich frei, vielleicht nur zu zwanzig Prozent, um es in Zahlen auszudrücken, während die übrigen achtzig Prozent sie gar nicht bemerken.

Die Zen-Meditation hat die Eigenart, den geistigen Blick zu öffnen für das, was sich bisher unbesehen an der Rückseite des Geistes abgespielt hat, und allmählich die Tätigkeit an der Rückseite des Geistes in unsere Hand zu bringen, so daß wir innerlich hundertprozentig frei werden. Das ist zweifellos ein großer Gewinn für uns selbst und für den Dienst an unseren Mitmenschen. Diese Wirkung der Meditation erklärt sich gerade daraus, daß das Bewußtsein entleert wird. Wenn das geschieht, kommt allmählich auch das Unbewußte in den Blick und schließlich in den Griff.

Die Einsicht *(chi-e)* ist die intuitive Seite der Erkenntnisfähigkeit, von der wir vorher in Verbindung mit der gegenständlichen Betrachtung und der übergegenständlichen Meditation gesprochen haben. Die Entwicklung der Intuitionsfähigkeit, die im Menschen zunächst nur keimhaft vorhanden ist, wirkt sich auf das gesamte menschliche Leben aus und hat eine besonders hohe Bedeutung für das Religiöse, wie bereits angedeutet wurde. Das ist zunächst für die Erlangung des Satori von großer Wichtigkeit, da diese Erfahrung ganz und gar in der intuitiven Richtung liegt.

Aber auch abgesehen vom Satori hat diese Wirkung des *zazen* für das Religiöse und besonders für den religiösen Glauben große Bedeutung. Menschen, die wegen einer zu rationalistischen Denkweise nicht mehr glauben können – deren gibt es heute viele –, finden nicht selten durch die

Zen-Meditation zu ihrem religiösen Glauben zurück. Selbst bei Christen gibt es solche Fälle. Wenn man fragt, wie das zu erklären ist, kann man wohl folgendes sagen: Oft ist auch eine aus der Kinderzeit mit ins reifere Alter genommene anthropomorphe Gottesvorstellung an dem Verlust des Glaubens mit schuld. Denn gerade diese Art, sich Gott vorzustellen, die für Kinder recht und ihrem Alter angepaßt sein mag, hält bei der Konfrontation mit der fortgeschrittenen Wissenschaft oft nicht stand. Es gibt auch Menschen, die diese kindliche Auffassung, ohne je daran zu zweifeln, ihr ganzes Leben mitnehmen und sehr glücklich dabei sind. Aber solche Menschen werden immer seltener. Bei den meisten Menschen unserer Zeit hält sie nicht durch.

Nachdem nun die ursprüngliche Vorstellung unter dem Einfluß des rationalistischen Denkens erschüttert und schließlich zerbrochen ist, werden durch die Zen-Meditation die antireligiösen Vorurteile des Rationalismus ausgeschaltet, und an die Stelle der verlorenen Gotteserkenntnis tritt eine neue, mehr geistige, die nicht mehr verloren geht. So erklärt sich, daß ein Christ, der seinen Gottesglauben verloren hat, mit Hilfe der Zen-Meditation, in der nie auch nur mit einem Wort von Gott die Rede ist, zu seinem ursprünglichen Gottesglauben zurückfindet.

Gläubige Christen, die das *zazen* als Meditation benützen, erkennen bisweilen eine religiöse Wahrheit oder ein Schriftwort mit einer Klarheit wie nie zuvor. Das geschieht nicht nur zur Zeit der Meditation, sondern oft auch zu anderer Zeit, wo sie gar nicht dabei waren, nach dem Sinn dieser Wahrheit zu forschen. Überdies erfahren sie ganz allgemein, daß Glaubenszweifel, die sich vielleicht auch bei ihnen unter dem Einfluß einer ungläubigen Umgebung anmelden – denn auch sie sind Kinder ihrer Zeit – mehr und mehr verschwinden, ohne daß dafür Gründe gesucht und gefunden wurden. Sie bekommen mit der Zeit eine Sicherheit im Glauben, wie sie durch die besten Gründe und vieles Studium nie erlangt wird. Wir erleben heute, daß Theologie-Studierende gerade beim Studium der Gotteswissenschaft, das eine Befestigung im Glauben verleihen sollte, an ihrem Glauben irre werden, das Studium der Theologie aufgeben und einen anderen Beruf ergreifen.

Wir begegnen hier einem Dilemma, das frühere Generationen – außer in Einzelfällen, die es immer gegeben hat – nicht gekannt haben: Die jungen Menschen entscheiden sich, die religiöse Not der Menschheit sehend, mit Begeisterung für den Priesterberuf und scheitern dann am Studium der Theologie. Die Lösung dieses Problems scheint uns viel dringender als viele andere Fragen, über die heute in Büchern und Artikeln viel geschrieben wird.

Uns scheint, daß der heutige Mensch, besonders die jüngere Generation, um die es in dieser Frage geht, ein starkes Gegengewicht für den Ausgleich mit dem zersetzenden Rationalismus braucht, der schon längst unser christlich-religiöses Denken »angefressen« hat. Wenn man aber dieses Gegengewicht im logischen Denken sucht, so macht man einen großen Fehler; denn man kann den Teufel nicht durch Belzebub austreiben. Gegen die Gefahr, die vom Denken, wie es heute gemeint ist – man könnte sich auch ein anderes Denken vorstellen und spricht übrigens schon von einem »neuen Denken« –, ausgeht, gibt es im Augenblick wenigstens nur ein Mittel: das Nicht-Denken. Das aber ist gerade ein Charakteristikum der Tiefenmeditation, von dem das *zazen* eine Weise ist. Theologiestudium ohne Meditation ist für den heutigen Menschen eine Gefahr. Das diskursive Denken muß durch das intuitive ergänzt werden. Erst wenn das geschieht, ist der Mensch befähigt, die Wahrheit ganz zu erfassen.

Zu den beiden nunmehr besprochenen Wirkungen des *zazen*, Meditationskraft und Einsicht, kommt als dritte die

Erleuchtung. Wir möchten jedoch diese höchstwertige aller Wirkungen in einem eigenen Kapitel besprechen. Vorher aber ist zum vollen Verständnis der besprochenen Wirkungen noch eine andere Überlegung anzustellen, nämlich die Frage: Wie kommt es, daß die Zen-Meditation diese Wirkungen hervorbringt? Es geht uns bei der Beantwortung dieser Frage weder um Befriedigung der Neugierde noch auch um ein theoretisch-wissenschaftliches Interesse, sondern um ein tieferes Verständnis des ganzen Geschehens, das uns helfen kann, dasselbe womöglich noch besser auszuwerten.

Zwei Dinge dürften ohne weiteres aus dem hohen Wert dieser Wirkungen für den Menschen folgen; zuerst, daß dabei tiefliegende Ursachen am Werke sein müssen und zweitens, daß dieselben nicht von heute auf morgen hervorgebracht werden können. Warum also ist dieser Versenkungsweg so fruchtbar und weiterhin: Warum ist dieser Weg so mühevoll und langdauernd? Auf die kürzeste Formel gebracht, so scheint uns, lautet die Antwort: Diese Meditation ist ein Reinigungsweg, und zwar der radikalste Reinigungsweg des Geistes, auf dem man weder sich selbst noch andere täuschen kann. Auch die christlichen Mystiker sprechen von der Reinigung der Sinne und des Geistes, die notwendig ist, damit die Schau überhaupt möglich ist. Bekannt sind die »Nächte« der Sinne und der Geistes, von denen Joh. vom Kreuz spricht. Auch diese Nächte sind nichts anderes als Reinigungswege.

Carl Albrecht hat die Tatsache dieser Reinigung auf eine besondere Weise nachgewiesen. Er stützt sich dabei auf seine eigenen Erfahrungen und die seiner Patienten. Freilich hat er selbst nicht die Zen-Meditation geübt, sondern das autogene Training. Sowohl das eine wie das andere aber ist ein Versenkungsweg, um mit Albrecht zu sprechen. Was daher vom autogenen Training als Versenkungsweg gilt, hat auch für die Zen-Meditation und ähnliche Methoden Gültigkeit, insofern sie Versenkungs- und Reinigungswege sind.

Es geht bei allen diesen Methoden darum, auf den »Grund« zu kommen, in der Terminologie Albrechts: zur »Innenschau« oder »bildlosen Schau«. Albrecht kommt es in seinem Bemühen darauf an, die Mystik vor der Wissenschaft zu rechtfertigen. Er ist wohl der erste, der diesen Versuch gemacht hat. Bevor die Mystik zum Zuge kommen kann, muß, nach Albrecht, die völlige Bewußtseinsleere hergestellt sein. Die gleiche Voraussetzung ist, wie wir gesehen haben, zu erfüllen, damit die Wesensschau stattfinden kann [9].

Die Frage ist: Was geschieht auf diesem Versenkungsweg, dem Weg vom Tagesbewußtsein zur bildlosen Schau, zum Zustand des *zanmai*? Wir fügen der Klarheit halber hinzu: zu jenem *zanmai*, das die Voraussetzung für die Wesensschau im Zen ist. Bisher hat man solche Untersuchungen gewöhnlich mit Hilfe der Erlebnisse jener angestellt, in dessen Inneren sie sich zutrugen. Aber es blieb und bleibt immer eine gewisse Spanne von Unsicherheit bestehen, da der Betreffende seinen Bericht erst nach Ablauf des Vorgangs und aus der Erinnerung machen kann. Es besteht trotz aufrichtigen Bemühens die Gefahr, daß etwas ausgelassen oder hinzugefügt wird, das bereits Reflexion, also nicht mehr das rein-objektive Geschehen ist. Albrecht hat daher nicht diesen Weg gewählt sondern den Weg des Sprechens während des Versenkungsvorganges oder in der »Versunkenheit«, der ihm von der Psychotherapie her bekannt war, wo er zu Heilszwecken verwendet wird.

---

[9]) Vgl. Carl Albrecht: »Psychologie des mystischen Bewußtseins«, Verlag Carl Schünemann, Bremen, 1951 und C. A. »Das mystische Erkennen«, eben dort, 1958.

Das Ergebnis ist um so zuverlässiger, da zu seinem eigenen Zeugnis noch das von vier seiner Patienten hinzukommt. Das Sprechen, von dem hier die Rede ist, wird bekanntlich nicht vom Ich dirigiert und kommt nicht auf Grund einer Reflexion zustande, sondern in unmittelbarer Verbindung mit dem inneren Vorgang. Das Erlebnis wird sozusagen unmittelbar in Worte umgegossen. Auf diese Weise werden die, bei den Erfahrungsberichten möglichen, Ungenauigkeiten ausgeschlossen. Man kann sich das klarmachen, wenn man an einen uns vielleicht besser vertrauten Vorgang denkt, der vom Visuellen her bekannt ist.

Innere Erfahrungen können sich in Visionen ausdrücken. Auf diesen Vorgang sind wohl viele, wenn nicht sogar die meisten Visionen, die von heiligmäßigen Menschen berichtet werden, zurückzuführen. Beim Sprechen während dieser Erfahrungen wird das Erlebnis in Worte umgewandelt. Das Eigentümliche ist nun, daß das Wort nicht gesprochen werden kann, solange es nicht dem seelischen Vorgang genau entspricht. Albrecht sagt uns, daß es oft sehr lange dauert, bis das Wort gefunden wird, so daß eine lange Pause – bis zu einer Stunde oder mehr – des Stillschweigens vergeht. Auf Einzelheiten können wir hier nicht eingehen und verweisen dafür auf die Werke Albrechts. Aber es dürfte schon klar geworden sein, daß auf diesem Wege eine einzigartige Garantie gegeben ist, daß das innere Erleben objektiv und ohne Beeinflussung durch das eigene Ich wiedergegeben wird. Trotzdem stellt man nach der Rückkehr ins Tagesbewußtsein zwischen den einzelnen Worten einen sinnvollen Zusammenhang fest, aus dem man den Ablauf des inneren Vorgangs gewissermaßen ablesen kann. Es ergibt sich dann, daß das Bewußtsein immer mehr gereinigt wird, bis schließlich die »bildlose Schau« klar als solche hervortritt.

Im Zen sind solche Versuche bisher nicht gemacht worden. Aber wenn der Versenkungsweg im wesentlichen derselbe ist wie bei den Experimenten Albrechts, so gilt das Ergebnis auch für das *zazen*. Albrecht sagt, daß dem Versenkungs-Bewußtsein die folgenden spezifischen Funktionen zugeordnet seien: »die Abblendung der Umwelt, die Ausgliederung, Auflösung und auflösende Meditation von komplexen Störungserlebnissen, die durch die Umwandlung oder Umfügung bewirkte Einschmelzung und Einführung aller Inhalte in die einheitliche Grundstimmung der Ruhe«. Von der Versunkenheit, die dem *zanmai* im Zen entspricht, schreibt er: »Die Versunkenheit ist ein voll integrierter, einheitlich und einfach geführter, überklarer und entleerter Bewußtseinszustand, dessen Erlebnisstrom verlangsamt ist, dessen Grundstimmung die Ruhe ist und dem als einzige Funktion eines nur noch passiv erlebenden Ichs die Innenschau zugeordnet ist [10].«

Es sind übrigens Bestrebungen der Therapie in Europa im Gang, die darauf hinzielen, das Zen für medizinische Zwecke zu benutzen. Es geht dabei nicht um die Wesensschau, sondern darum, einen für die Therapie wichtigen Zustand herzustellen. In Verbindung damit wird dieser Zustand bezeichnet als der »eines von störenden Faktoren befreiten, eingeengten Bewußtseins, das von einer eigenen Helligkeit und damit von einer sehr sensiblen und nachhaltigen Erlebnisfähigkeit ist [11].«

Alles das dürfte in wissenschaftlicher Sprache ausgedrückt, im wesentlichen mit den Erfahrungen des Zen oder während des *zazen*, übereinstimmen.

Man muß versuchen sich klarzumachen, was dieser Rei-

---

[10] »Psychologie des mystischen Bewußtseins«, a. a. O. S. 106.
[11] W. M. Pfeifer: »Psychotherapie und medizinische Psychologie«, 16. Jahrgang, Heft 5, S. 172 ff. Der betreffende Artikel dort: »Konzentrative Selbstentspannung durch Übungen, die sich aus der buddhistischen Atemmeditation und aus der Atemtherapie herleiten.«

nigungs- und Wandlungs-Vorgang für den Menschen bedeutet. Die Heiligen aller Zeit wußten und wissen, durch welche äußerst peinlichen Phasen derselbe führen kann. Und die Therapeuten wissen, daß in der Psychoanalyse bisweilen Bekenntnisse abgelegt werden, die niemand vor anderen im vollen Bewußtsein abzulegen den Mut haben würde. So erklären sich die Ströme von Tränen, die da vergossen wurden und oft das Augenlicht in Gefahr brachten. Die großen Einsiedler der ersten christlichen Jahrhunderte pflegten zu sagen: Bevor nicht diese Periode des Übermaßes von Tränen überstanden sei, könne die Gottesschau nicht stattfinden.

Gewiß war und ist das nicht bei allen Menschen dasselbe. Jedenfalls ist auch im Zen dieses Tränen-Phänomen als ein Durchgangsstadium bekannt. Es vollzieht sich darin eben eine tiefe »metanoia« oder Bekehrung. Wenn man das recht bedenkt, versteht man, daß der Weg bis zur Schau – sei es nun die mystische Schau im christlichen Sinne oder die Wesensschau – oft so lang und schmerzvoll ist. Andererseits ist noch nicht alles damit getan, daß man einmal durchbricht und zur Schau kommt. So schnell läßt sich nicht alles endgültig bereinigen; der Weg muß immer wieder von neuem begangen werden, die Meditation muß fortgesetzt werden. Aber wenn das geschieht, wird der Mensch wirklich umgewandelt. Er wird wahrhaft »heil«. Nun versteht man erst die hochwertigen Wirkungen, von denen wir gesprochen haben.

Noch etwas anderes wird verständlich: In diesem beständigen Streben ist keine Mühe umsonst. Jede Meditation, auch wenn sie nicht lang ist, hat eine wesentliche Wirkung. Außerdem sollte man nicht vergessen, daß alles, was wir für uns selbst gewinnen, auch den Menschen zugute kommt, mit denen wir leben und arbeiten. Solche Menschen strahlen etwas aus, auch wenn sie nur schweigend »da sind«.

Denn sie sind mehr da als andere, die viel arbeiten und viel reden, aber eben das nicht in sich haben, was unersetzlich ist.

Hierzu hat auch Carl Albrecht ein bedeutungsvolles Wort gesprochen: »Wenn man heil ist, liebt man die Welt. Wenn man unheil ist, dann liebt man sie nicht.« Für Albrecht ist jede echte Mystik mit frei schenkender Liebe verbunden, die das Ziel allen Erkennens ist. Sie ist das einzige und untrügliche Kriterium für die Echtheit mystischer Erfahrungen, eine Auffassung, die wir immer bei den echten Mystikern finden. Albrecht eröffnet in Verbindung mit der hier besprochenen Problematik noch eine andere Perspektive, die wohl kaum irgendwo anders besser ausgesprochen ist, nämlich: daß gerade in Verbindung mit der Mystik ein »neues Denken« entstehen könnte. Man spricht heute schon von einem neuen Denken. Aber vielleicht haben nur wenige Menschen einen klaren Begriff davon, was es ist oder sein sollte, worin dieses Denken besteht oder bestehen soll. Auch Albrecht spricht davon und nennt es ein »mystisches Denken«, weil es durch die Beschäftigung mit der Mystik entsteht oder überhaupt erst möglich wird.

Das soll heißen, daß dieses Denken durch die Demut und Reinigung entsteht, die durch den Versenkungsweg gewonnen wird. Und umgekehrt: »Seine Richtigkeit, seine Vorurteilslosigkeit, seine Sorgsamkeit, seine Zugehörigkeit zur Wahrheit werden zu Elementen der Reinigung [12].«

Wir möchten besonders die Vorurteilslosigkeit betonen, die eine typische Wirkung des Versenkungsweges ist, da dort alle Vorurteile beseitigt werden. Solange man dabei an Vorurteilen hängen bleibt, stockt der Prozeß der Versenkung. Das dürfte uns inzwischen verständlich geworden sein. Die Vorurteile sind das größte Hindernis für die Er-

---

[12]) »Das mystische Erkennen«, a. a. O. S. 376.

kenntnis der wahren Wirklichkeit. Umgekehrt ist die Vorurteilslosigkeit die Voraussetzung dafür, daß man nicht nur die Dinge, sondern auch die Menschen sieht, wie sie sind. Auch diese Wirkung der Zen-Meditation ist bekannt.

Wer viel *zazen* übt, wird mehr und mehr frei von Vorurteilen und von der Furcht, die Wahrheit anzuerkennen so, wie sie ist. Man könnte das »mystische« Denken auch existentielles Denken nennen, weil es existentiell wahr ist wie das in der Versenkung gesprochene Wort. Um es noch klarer zu sagen: Ein solcher Mensch kann nicht unaufrichtig sein. Vielleicht ist gerade der Mangel an Wahrhaftigkeit, sogar ein Mangel an der Fähigkeit wahrhaftig zu sein, das Grundübel unserer Zeit. Denn Albrecht hat recht: »Ohne Wahrhaftigkeit gibt es auch keine wahre Liebe.« Nur die besprochene Reinigung kann den Menschen unserer Zeit von diesem Übel heilen.

SATORI

Satori oder Wesensschau ist die höchste Erfahrung im Zen, gewissermaßen das Ziel, auf das das *zazen* hinstrebt. Das heißt aber nicht, daß man nicht mehr zu üben brauche, nachdem das Satori erlangt ist. Das *zazen* soll uns zwar zur Erleuchtung führen, aber damit sind wir noch nicht am Ziel; denn Satori ist kein Dauerzustand. Es sollte daher immer wieder von neuem erlangt werden, bis man auch zur ethischen Vollendung gekommen ist. Erst wenn der Mensch das erreicht hat, ist er wirklich ein Erleuchteter. Es wird daher immer wieder betont, daß man auch nach Erlangung des Satori weiter üben muß. Andererseits ist die Übung des *zazen*, nachdem dieser Durchbruch einmal gelungen ist, noch wirksamer als vorher.

Was ist das Satori oder die Wesensschau? Es ist eine Erfahrung, die nach dem Urteil aller, die sie gemacht haben, nicht in Worte gefaßt werden kann. Die Zenmeister lehnen daher auch die Beantwortung dieser Frage entweder ab oder sie antworten in einer Weise, daß die Antwort zu einem Koan wird, den man erst versteht, wenn man die Erleuchtung selbst erlangt hat. Wir haben an anderer Stelle [13] mehrere Erfahrungsberichte angeführt. Es würde zu weit führen, dieselben hier von neuem darzustellen. Anstatt dessen möchten wir einen Fall aus Indien anführen, der uns in diesem Zusammenhang recht instruktiv zu sein scheint. Er betrifft Sri Ramana Maharshi (1879–1950), geb. in Tiruvannamalai in der Nähe von Madura.

---

[13]) »Zen-Weg zur Erleuchtung« und »Zen-Buddhismus«.

Er hatte sein Erlebnis mit 16 Jahren als Schüler eines Collegs. Religiös gehörte er dem Hinduismus an, hatte aber weder besondere Studien in der Religion seiner Väter gemacht noch eine außergewöhnliche Frömmigkeit oder gar die Veranlagung zu mystischen Erfahrungen an den Tag gelegt. Er war – so wenigstens schien es – ein Schüler des Collegs wie alle anderen.

Das Colleg in Madura wurde von protestantischen amerikanischen Missionaren geleitet. Maharshi wohnte mit seinem älteren Bruder bei einem Onkel. Eines Morgens erfaßte ihn plötzlich der Gedanke, er müsse bald sterben. Dieser Gedanke kam mit größter Intensität auf ihn zu und erfüllte ihn mit großer Furcht. Nichts war in seiner Umgebung geschehen, das als Ursache dieses Gedankens und solcher Angst hätte erklärt werden können. Bald wurde sein ganzes Bewußtsein mit dem Gedanken erfüllt: Ich könnte sterben und ich werde sterben. Ich bin ein »Sein zum Tode«.

Seine Reaktion aber war nicht, daß er den Gedanken an den Tod loszuwerden suchte, wie man bei einem jungen lebensfrohen Menschen hätte erwarten können. Er nahm vielmehr die Herausforderung an, blickte der Möglichkeit des Todes klar ins Auge und faßte den Entschluß, sich mit dem Tod zu messen. So legte er sich auf den Boden und stellte sich im Geist vor, wie das Leben aus seinen Gliedern, einem nach dem andern, wich, wie der Tod näher und näher zu den zentralsten Teilen seines Körpers kam, wie Augenlicht, Gehör und Tastgefühl verschwanden, seine Gedanken sich umwölkten, der Fluß des Denkens erstarrte, das Bewußtsein seines Selbst verschwand, bis zu dem Augenblick, in dem man in den Zustand des Schlafes eintritt.

Doch gerade in diesem Augenblick, wo sein Bewußtsein verschwand, ihn sozusagen verließ, setzte sich mit souveräner und befreiender Klarheit und Intensität das Bewußtsein seines Daseins durch. Alles war verschwunden und wie weggeblasen vor dem überwältigenden Bewußtsein: Ich bin. Weder der Körper, noch die Sinne, noch ein Gedanke, noch das gewöhnliche Bewußtsein, das diese Erfahrung hätte tragen können, waren geblieben. Nur diese Erfahrung in sich hervorbrechend, aufblitzend, aus sich selbst entspringend, strahlend von eigener und einzigartiger Klarheit, frei von jedem Halt und jeder Bindung: Ich bin.

Es war ein reines Licht, das alles blendete wie die Mittagssonne, das keine Unterscheidung von Einzeldingen zuließ. Alles war von seinem Glanz erfüllt. Alles erschien nur noch in seinem Glanz. Es gab nichts mehr als diesen Glanz allein.

Mit allem anderen war auch der Tod verschwunden. Denn welcher Tod könnte noch denjenigen treffen, der einfach *ist*, jenen, dessen ganzes Bewußtsein wie hingerissen ist in diese einzige Wahrnehmung, daß er *ist*. Die äußeren Dinge – was immer sie sind –, desgleichen die Sinne und Fähigkeiten, durch die sich dieses Bewußtsein des Seins manifestiert, können sich ändern und verschwinden. Der aber, welcher *ist*, erhaben über alle diese Weisen und alle diese Zeichen, ändert sich nicht und verschwindet nicht. Er bleibt; denn er *ist*. Er, der sagen kann: »Ich bin« existiert auf einer Ebene der Wirklichkeit, die keine Drohung der Vernichtung berühren kann [14].

Das Erlebnis Maharshis war gewiß ein großes Satori, dessen Spuren nicht mehr ausgelöscht werden konnten; es galt nur noch, es vollkommen in sich ausreifen zu lassen und ganz von ihm durchdrungen zu werden. Maharshi hat das getan. Er gab das Studium auf, zog sich in das Heilig-

---

[14] Vgl. Le Saux: »Sagesse Indoue – Mystique Chrétienne«, Edit. du Centurion, 1965, S. 57 ff. Vgl. auch: A. Osborne: »Ramana Maharshi und der Weg der Selbsterkenntnis«, O. W. Barth Verlag, Weilheim Obb. 1939.

tum von Arunachala zurück und wurde ein Sadhu. Nach einigen Monaten Aufenthalt im Tempel ging er in das nahe Gebirge, wo er bis zum Ende seines Lebens blieb und ein großer Meister wurde. Er suchte die Menschen nicht und bemühte sich nicht um Schüler. Aber er floh auch vor niemandem, der bei ihm Rat suchte. Und es kamen viele zu ihm. Doch lehrte er keine Methode, nur die Art, auf das Ein- und Ausatmen zu achten. Er ließ jedem seine Freiheit. Als einziges drängte er immer wieder darauf, daß man zu erfassen suche, wer man sei: Wer ist das in dir, das unabhängig ist von allen Veränderungen an Leib und Seele? Was Maharshi selbst in seiner großen Erfahrung entdeckt hatte: das eigentliche Ich oder Selbst und nichts anderes sollte man suchen. Alles andere ist bedeutungslos. Wenn das Eine gefunden ist, lösen sich alle anderen Probleme auf; solange dieses nicht gefunden ist, nehmen die Probleme, die geklärt sein wollen, kein Ende.

Für Ramana Maharshi war der Tod zum Koan geworden, zu einem unabweisbaren Problem, das ihn in große Angst und Not versetzte. An diesem Koan kam er zur Erleuchtung. Er versuchte nicht auszuweichen. Und in dem Augenblick, in dem sein ganzes Bewußtsein von diesem Problem erfüllt und dann alles verschwunden, erstorben war, kam die Lösung: »Ich bin.« Das bedeutet eine unmittelbare Selbst-Wahrnehmung. Nicht die Wahrnehmung des empirischen Ich sondern des letzten und tiefsten Selbst, das unsterblich ist. Das ist, seinem Inhalt nach, das Wesen des Satori auch im Zen.

Im Zen spricht man oft von der »ursprünglichen Gestalt« nämlich des Menschen. In der Form eines bekannten Koans ausgedrückt: »Was warst du, bevor deine Eltern geboren wurden?« Diese Selbst-Wahrnehmung ist eine Intuition des Selbst und wird deswegen »Wesensschau« genannt. Es muß alles abgeschaltet werden, das dieser Intuition im Wege steht. Deshalb muß die Entleerung des Bewußtseins stattfinden. Das dürfte auch das Erlebnis des Maharshi bestätigen.

Nun wäre gewiß noch vieles zu sagen zum besseren Verständnis des Satori. Aber ohne eigene Erfahrung bleibt die beste Erklärung unvollkommen. Wir verweisen daher auf die vorher gegebene Literatur und auf andere hin, die es sonst noch gibt. Doch als einen neuen Aspekt dieser Frage möchten wir nochmals Carl Albrecht zu Worte kommen lassen: »Aus der großen Dunkelheit heraus, aus der dem Schauenden gegenüber stehenden Finsternis ... bricht im ekstatischen Ereignis der treffende Blitz heraus, der gleichzeitig der betäubende Donner ist. In ihm wird die Schau nicht nur geblendet, sondern zerstäubt. Es ist nicht mehr die Schau, welche erfährt. Der Blitzschlag ist Untergang der Schau. Er betrifft den Schauenden nicht nur als Schauenden, sondern trifft ihn in seiner Ganzheit. Diese ist das Gefäß einer leidenden Erfahrung, die, nicht unterscheidbar, sowohl »ein Gewahren«, ein »Spüren«, als auch ein Wahrnehmen und Fühlen ist. Im Ereignis des Überwältigtwerdens wird das Schauen durch jenes »Es« geblendet, welches in der Dunkelheit verhüllt war [15].«

Zum Verständnis muß man in Betracht ziehen, was Albrecht von dem vorausgehenden Zustand sagt: Die bildlose Schau »ist ein Hineinschauen in die Dunkelheit, in der nichts erkannt wird, aber gerade in dieser Finsternis ist das anwesend, was der Schauende sucht. Darum ist das Schauen ein bedingungsloses Anhaften, ein unvergleichliches, unmittelbares, durch kein Bild gestörtes Anhangen [16]«.

Auch im Zen bricht aus der Dunkelheit der Lichtstrahl der Erleuchtung hervor. Es gibt viele Schattierungen in der

---

[15] Carl Albrecht: »Das mystische Erkennen«, Verlag Carl Schünemann, Bremen, 1951. S. 215.
[16] A. a. O. S. 208.

Beschreibung der Erleuchtung und ähnlicher Erlebnisse. Aber es ist immer ein Sprung in etwas Neues und niemals ein nur gradueller Unterschied von dem, was vorher war. Dieses Neue kann aber in größerer oder geringerer Intensität fühlbar sein. Im Falle von Maharshi und auch bei der Erleuchtung mancher berühmter Zenmönche war es wie eine Explosion, die den Menschen zu sprengen drohte. Solche ganz starken Erlebnisse kommen übrigens auch gegenwärtig in Japan noch vor, bisweilen bei Buddhisten, die weder Mönche noch Nonnen sind.

Als Erklärung für das Gewaltsame kann vielleicht folgende Überlegung dienen. Die menschliche Erkenntniskraft, von der schon früher die Rede war, und überhaupt alle geistige Tätigkeit, gar nicht zu reden von der sensitiven, ist normalerweise immer mit dem sensitiven Bereich der menschlichen Natur verbunden. Das ergibt sich ohne weiteres aus der engen Verbindung zwischen Seele und Körper, die solcher Art ist, daß ihre Trennung den Tod bedeutet. Nun ist aber diese neue Art der Erkenntnis, die allein die Erleuchtung ermöglicht, eine rein-geistige Erkenntnis; d. h. sie wird unabhängig vom sensitiven Bereich vollzogen.

Das würde eigentlich besagen, daß der Geist selbst vom Körper getrennt werden müßte, um, losgelöst vom sinnlichen Bereich, tätig zu sein, anders ausgedrückt: Der Mensch müßte, wenigstens für einen Augenblick, sterben, damit dieses möglich ist. Denn die Verbindung von Seele und Körper ist nicht so zu verstehen, daß der Geist oder die Seele im Körper wie in einem Hause wohnt. Vielmehr ist die Verbindung so eng, daß man sie durch ein materielles Bild gar nicht darstellen kann. Daher vermeidet auch die Psychologie diese Sprechweise geflissentlich, von antireligiösen Vorurteilen ganz abgesehen.

Auch im Zen macht man diese Trennung nicht mit, was sich freilich hier schon aus der buddhistischen Lehre als selbstverständlich ergibt. Wenn trotz allem der Geist unabhängig vom Körper tätig sein soll, so müßte das eigentlich die Verbindung von beiden sprengen; sie müßten auseinandergerissen werden. Wenn man die Sache auf diese Weise sieht, versteht man das Gewaltsame, das in manchen Erlebnisberichten zum Ausdruck kommt.

Wir verstehen aber auch noch etwas anderes, das für uns große Bedeutung hat; daß nämlich bei den Zen-Übungen immer wieder gesagt wird, der Mensch müsse bereit sein zu sterben und müsse sterben, wenn er die Erleuchtung erlangen möchte. Wer noch an irgend etwas hängt, verhindert damit diesen Sprung des Bewußtseins.

Man darf nun freilich den Echtheitscharakter eines Satori nicht allein nach der Gewaltsamkeit, mit der es auftritt, beurteilen. Denn der Mensch gleicht nicht einem elektrisch geladenen Körper, bei dem man alles im voraus berechnen kann. Wenn auch jedes echte Satori eine Wesensschau ist, so ist damit noch nicht bestimmt, daß die ganze Art und Stärke des Geschehens immer gleich sein müßte. Wir betonen das, um Mißverständnissen vorzubeugen. Manchmal vollzieht sich dieser »Sprung«, dieser Übergang in einer viel stilleren Weise als bei den vorher erwähnten Fällen. Dann wird der Zenmeister das Erlebnis überprüfen und vielleicht warten, ob es sich wiederholt. Oder er wird ein anderes Koan geben und sehen, wie der Schüler darauf antwortet, bevor er das Satori als echt anerkennt.

Oft auch erkennt er es nicht an, obwohl er glaubt, daß es echt ist, damit der Schüler mit vollem Einsatz weiter übt, und das Satori noch klarer wird. Es ist übrigens eine Tatsache, daß Menschen, die viele Jahre eifrigen Übens bis zum Satori brauchen, stärkere Ergebnisse haben als jene, die weniger Zeit brauchen. Dabei spielt auch die Veranlagung des einzelnen eine große Rolle, selbst bei gleichem Eifer im Üben.

In jedem Falle muß das Satori ausgewertet werden. Dabei aber tun sich jene, die lange gebraucht haben, im allgemeinen leichter als andere, die in kürzerer Zeit das Erlebnis hatten. Denn die ersteren haben durch das lange Üben schon vorher mehr erreicht als die anderen. Sowohl die ethische Umwandlung als auch die beiden anderen Wirkungen des *zazen*, die Meditationskraft und die Einsicht, sind bei ihnen weiter fortgeschritten. Aber auch das Satori selbst ist bei ihnen tiefer als bei den anderen.

Damit haben wir schon eine andere Frage berührt, die oft gestellt wird: Wie lange muß man üben, bis man zum Satori gelangt? Die Antwort haben wir eigentlich schon gegeben oder wenigstens angedeutet: Man kann dafür keine bestimmte Zahl von Tagen, Monaten oder Jahren angeben. Tatsache aber ist, daß wenigstens in der Gegenwart der größte Teil der Zen-Mönche das Satori nicht erlangt.

Dies wird manchen wundern, aber hier ist vielleicht die Bezeichnung Mönch etwas irreführend. Wir denken dabei naturgemäß an Menschen, die ihr Leben in einem Kloster mit strenger Observanz zubringen und selbstverständlich auch ehelos bleiben und dazu täglich viele Stunden meditieren. Aber das hat sich in Japan längst geändert.

Seit der Meiji-Zeit dürfen alle Zen-»Mönche« heiraten, und weitaus die meisten tun es heutzutage auch. Ein großer Teil dieser Mönche übernimmt erblich den Tempel des Vaters oder das Amt an diesem Tempel. Der Sohn lebt dann, wie es auch der Vater tat, mit Frau und Kind im Tempel und versieht die religiöse Betreuung der diesem Tempel zugehörigen Familien. Dazu kommt natürlich die materielle und administrative Verwaltung des Tempels und die sozialen Verpflichtungen, die mit einem solchen Amt verbunden sind. Er lebt also in der »Welt« und nicht in der Einsamkeit. Unter diesen Umständen ist ein Leben, wie man es normalerweise von einem Mönch erwartet, kaum möglich, und wenn der Mönch nicht schon die Erleuchtung erlangt hat, besteht nun noch weniger Aussicht dafür; eher noch wird er die tägliche Meditation ganz aufgeben, was nicht selten geschieht.

Trotzdem besteht heute noch in Japan für solche, die sich ganz auf das *zazen* konzentrieren, die Möglichkeit und sogar eine ziemlich hohe Wahrscheinlichkeit, das Satori zu erlangen. In diesem Rahmen ist der Prozentsatz derer, die es dazu bringen, relativ hoch. Das gilt auch für die Laien, die das *zazen* eifrig und regelmäßig üben und dafür ihre Lebensweise entsprechend einrichten.

Es spielt aber auch die Leitung des Zenmeisters eine wichtige Rolle. Daher werden gute Zenmeister von vielen aufgesucht, die zur Erleuchtung kommen möchten, selbst wenn sie weit reisen müssen. Solche Meister haben es nicht nötig, Propaganda zu machen und tun es auch nicht.

Aber vielleicht ist die Frage, ob die Erleuchtung für jeden notwendig ist, noch wichtiger als die soeben besprochene Frage. Sicher ist, daß die Übung des *zazen* für jeden von großem Werte ist, auch abgesehen von der Erleuchtung. Aber es ist auch richtig, daß diese Erfahrung an sich großen Wert hat. Doch kommt auch in diese Frage eine ganz persönliche Note hinein. Es gibt nämlich Menschen, die irgendwann einmal den starken Drang fühlen, um jeden Preis zur Erleuchtung zu kommen, vielleicht ohne zu wissen, was das eigentlich ist. Ihr Motiv ist nicht Ehrgeiz sondern ein viel tiefer begründetes Anliegen. Diese Menschen finden dann trotz aller Beschäftigungen in Familie und Beruf immer wieder Zeit, die sich bietenden Gelegenheiten wahrzunehmen und kommen auch verhältnismäßig sicher zum Ziel.

Andere dagegen fühlen wohl ein Bedürfnis nach dieser Art der Meditation und denken vielleicht auch als ein fernes Ziel an die Erleuchtung, aber einstweilen empfinden sie nicht den inneren Drang, um jeden Preis bis dorthin zu gelangen. Sie sollten sich denn auch nicht auf theoretische Überlegung hin quasi verpflichtet fühlen für den Weg zur Erleuchtung, alles andere liegen und stehen zu lassen, sondern sollten die Meditation erlernen, regelmäßig üben und sich stets bemühen, auch ihr berufliches Leben mit der Meditation zu durchdringen. Sicher haben diese Menschen nicht so viel Aussicht auf die Erleuchtung wie die ersteren, aber es ist doch nicht ausgeschlossen, daß sie eines Tages das Satori erlangen, wenn sie es gar nicht erwarten. Sie haben den einen Vorteil, daß sie nicht von dem Gedanken an Satori eingenommen sind, was ein Hindernis für die Erlangung desselben wäre.

Es ist überdies auch eine Erfahrungstatsache, daß manche Menschen trotz großen Eifers und sonst, wie es scheint, günstiger Bedingungen nicht zur Erleuchtung kommen können. Die Zenmeister sagen freilich, daß jeder das Satori erlangen kann. Das ist gewiß richtig, wenn es heißen soll, daß diese *Möglichkeit* mit der menschlichen Natur gegeben ist. Aber es können eben doch, besonders in der Veranlagung des einzelnen, Hindernisse vorliegen, die sich in einem einzigen Menschenleben trotz besten Willens nicht vollkommen überwinden lassen.

Der Buddhist würde dafür eine Erklärung in dem ungünstigen Karma sehen, mit dem dieser Mensch ins Leben eingetreten ist. Falls er trotzdem fleißig übt, besteht für ihn nach derselben Lehre die Aussicht, in der nächsten oder einer der kommenden Existenzen mit günstigerem Karma geboren zu werden und die Erleuchtung zu erlangen. In dieser Weise hat man auch die Tatsache zu erklären versucht, daß Ramana Maharshi schon mit 16 Jahren und ohne besondere Vorbereitung sein großes Erlebnis hatte, von dem wir gesprochen haben.

Ähnliches ließe sich vielleicht auch, abgesehen von Buddhismus und Hinduismus, von der Vererbungslehre her sagen. Wenn es sich aber darum handelt, daß jemand, der das Satori nicht erlangen kann, es in einer späteren Existenz finden soll, dann könnten wir das in der christlichen Auffassung, nach der jeder Mensch nur einmal lebt, nur für seine Nachkommen erhoffen. Im Falle, daß dieser Mensch keine Nachkommen hätte, wäre diese Frage gegenstandslos. Aber vielleicht gibt es trotzdem in der Menschheit als Ganzes Dinge, die sich in ähnlicher Weise auswirken, wie es der Buddhismus behauptet.

Immerhin scheint es ganz konkret gesehen eine Tatsache zu sein, daß dieser oder jener Mensch trotz aller Mühe niemals das Satori erlangen wird. Vielleicht gibt es auch Menschen, die, selbst wenn sie zur Bewußtseinsleere kommen, nicht die Möglichkeit haben, die Wesensschau zu erlangen. Wir müssen und dürfen auf die endgültige Klärung dieser Frage verzichten. Selbst wenn sie mit ja zu beantworten wäre, wüßten wir noch nicht, welcher Art die Typen sind, die diese Möglichkeit nicht haben, und ob wir ihnen angehören. Es käme also nach dem gegenwärtigen Stand der Wissenschaft allein auf einen Versuch an. Der aber lohnt sich immer, weil wir wissen, daß wir in diesem Bemühen stets bereichert werden.

Wir sind auf diese Frage etwas näher eingegangen, weil sie im konkreten Fall des einzelnen von Bedeutung sein kann. Falls jemand nämlich zu jenen Menschen gehört, die niemals zur Erleuchtung gelangen, so könnte er sich fragen, ob es dann überhaupt Zweck habe, sich mit so großer Anstrengung zu bemühen. Was ist also dem zu raten, den diese Unklarheit behindert? Es ist zu sagen, daß ihm doch immer die Möglichkeit bleibt, sich mit Hilfe der Meditation mehr zu reinigen, sich mehr und mehr die Wirkungen der Erleuchtung anzueignen und sich als Mensch zu vervollkommnen und zu ertüchtigen. Im übrigen wissen wir, daß wir zur Vollkommenheit auch ohne Erleuchtung kommen können und auch die große Anstrengung, die wir in der Zen-Meditation machen, der gütige Gott reichlich lohnen wird in der Weise und zu der Zeit, wie es ihm gefällt. – Eine andere Lösung dieser Frage werden wir bei der Besprechung der Mystik vorlegen.

Wir möchten nun noch von einer Wirkung des Satori sprechen, nämlich von der Bedeutung dieser Erfahrung innerhalb des Prozesses der Persönlichkeit des Menschen. Man kann in der Entwicklung der Persönlichkeit drei Stufen unterscheiden. Die erste Stufe ist die der Kindheit und weiterhin des Wachstums. Das Kleinkind kommt noch nicht zum Bewußtsein der Persönlichkeit. Es fühlt sich noch ganz eins mit seiner Umgebung. Es fürchtet sich nicht vor andern Menschen, sondern vertraut jedem, der freundlich zu ihm ist. Es benimmt sich ganz natürlich in Gegenwart von anderen Menschen. Aber schon bald wird das anders; es bemerkt, daß es ein »Ding« für sich, eine Person ist. Nun aber erwacht ein unersättliches Verlangen nach Wissen. Schon bevor das Kind in das schulpflichtige Alter kommt, richtet es viele Fragen an Eltern und Geschwister, die bisweilen schwer zu beantworten sind. Es tritt in die Periode ein, wo, zusammen mit dem Wachstum des Körpers, die Aufnahme von Wissen und Können die Hauptsache sind.

Die zweite Periode ist die des Erwachsenen. Die Persönlichkeit als solche ist vollkommen da. Aber der Erwachsene nimmt nicht nur auf, sondern produziert selbst, materiell oder geistig, und gibt anderen von dem, was er hat, teilt es mit seinem Mitmenschen. Vor allem aber bildet er sich nun sein eigenes Urteil in vielen Dingen des Lebens. Unter dem Einfluß anderer und durch sein eigenes Denken formt er seine eigenen Auffassungen vom Sinn des Lebens, von Moral und Weltanschauung. Dieser Prozeß erreicht einen gewissen Abschluß um die vierziger Jahre. Schon Konfutius soll, rückschauend auf sein Leben, gesagt haben: »Mit

40 Jahren schwankte ich nicht mehr von einem zum anderen.«

Nun sollte eine dritte Periode kommen. Denn irgendwie und irgendwann wird dieser Mensch, wenn er aufrichtig und gut ist, inne werden, daß ihm doch noch etwas am vollkommenen Menschen fehlt. Damit ist aber nicht nur gemeint, daß er noch Fehler hat, die er abzulegen sich bemühen muß. Es geht um etwas viel Wesentlicheres. Er ist nun ganz selbständig geworden, hat seine Studien längst abgeschlossen, eine Familie gegründet und natürlich einen Beruf. Wenn ihm auch wie jedem anderen in der Gesellschaft viele Bindungen bleiben, so ist er doch in einem gewissen Rahmen und unter normalen Verhältnissen ein freier und selbständiger Mann.

Aber nun stellt er fest, daß er doch nicht frei ist; er hat seine Gewohnheiten, Auffassungen und vieles andere, was er bisher als Errungenschaft betrachtet und gewertet hat; aber gerade das sind zugleich seine Bindungen, geradezu seine Fesseln, die er nicht lösen kann, Schranken, die er nicht übersteigen kann. Mit einem Wort gesagt: Mit Erlangung der äußeren Freiheit hat er die innere verloren. Vielleicht denkt er an seine Kindheit zurück und es scheint ihm, daß er damals innerlich freier war als jetzt im reifen Alter. Und doch folgte er dem gesunden Trieb der Natur, als er sich all das erworben hat, was ihn jetzt einengt und braucht sich darüber keine Vorwürfe zu machen. Doch er leidet vielleicht schwer unter dem Zwiespalt.

Trotzdem: Glücklich zu preisen ist der, dem das eines Tages aufgeht. Denn diese Krankheit – so könnte man sagen – ist nicht zum Tode, sondern zu einem neuen Leben, das viel mehr Leben und Freiheit ist als das, was ihm nun anscheinend zerschlagen wird. Viele andere bemerken nicht, daß ihnen noch etwas ganz Wichtiges fehlt und geben ihren Mitmenschen an allem Schuld, was sie zu leiden haben. Sie bemerken nicht einmal, daß vieles Unangenehme geringer wäre und vielleicht gar nicht wäre, wenn sie die gefärbte Brille, durch die sie alles sehen, abnehmen würden, und überhaupt abnehmen könnten. Denn sie ist ihnen im Laufe der Jahre buchstäblich angewachsen.

Sie können die Dinge nur durch ihre Brille sehen und so, wie sie wirklich sind, können sie sie nicht sehen. Das ist ihr großes Leiden, ob sie es wissen oder nicht. Wieviel Mißverständnisse würden verschwinden, wenn man die Dinge sehen könnte, wie sie sind und nicht so, wie man sie, ohne es zu wollen und zu bemerken, aus einer subjektiven Auffassung heraus beurteilt. Das Kind kann einen Ball rollen sehen, wie er rollt und nur das, d. h. ohne Reflexion, und darum kann es stundenlang damit spielen, ohne daß es ihm langweilig wird. Der Erwachsene kann das nicht und daher wird ihm so etwas sofort langweilig.

Wenn eine dritte Periode kommen soll, in der der Mensch wirklich zur vollen Reife der Persönlichkeit heranwächst, müßte er doch wohl von allen diesen Fesseln, die an seinen geistigen Händen und Füßen hängen, befreit werden. Aber das scheint mit dem besten Willen unmöglich. Und doch: Es ist möglich. Aber dafür muß ein ganz anderer Weg gefunden werden als der bisherige, auf dem er bis zu diesem Punkte seines Lebens gekommen ist. Der Mensch muß alles lassen, was er hochschätzt und krampfhaft festhält. Keinen anderen Weg gibt es. Er müßte allem sterben.

In Indien ist es seit alter Zeit Sitte, daß der Mensch, nachdem er eine Familie gegründet, seine Kinder erzogen und sie selbständig gemacht hat und gegenüber der menschlichen Gesellschaft den schuldigen Dienst durch seinen Beruf geleistet hat, nun ein ganz neues Leben beginnt. Er wird ein Sadhu oder Wandermönch, der in der radikalsten Armut auf nichts anderes mehr bedacht ist als auf den geistigen Fortschritt und die endgültige Freiheit. Es ist der

Weg des Heiligen, der noch bis heute in Indien hochgeachtet ist.

Das ist gewiß nicht zu allen Zeiten und noch weniger in allen Ländern möglich. Aber es gibt doch immer und überall Wege, die zu dieser letzten Vervollkommnung und letzten unverlierbaren Freiheit führen, wenn man nur den Mut hat, sie zu betreten. Gerade in dieser Hinsicht ist auch das Zen ein Weg, besonders dann, wenn er bis zum Satori und darüber hinaus zu dessen voller Auswertung gegangen wird.

Von der Erleuchtung kann man sagen, daß im Augenblick wo sie stattfindet, die gefärbte Brille abfällt oder, wie auch einer gesagt hat, alle Etiketten abfallen. Wenn es uns nicht gelingt, bis zu diesem Erlebnis vorzudringen, so wird doch die Brille durch das Nichts des *zazen* mehr und mehr durchsichtig. Schon allein das Wissen um die gefärbte Brille kann uns vor vielen vorschnellen und falschen Urteilen bewahren. Aber selbst wenn man das Satori erlangt hat, muß man sich vorsehen, daß die Brille nicht allmählich wieder die frühere Farbe annimmt. Das *zazen* mit und ohne Satori ist ein Weg zu größerer innerer Freiheit.

Wenn diese Krise des Irrewerdens an sich selbst in der Erkenntnis, daß man nun doch nicht frei ist, auftritt, so bedeutet es auch, daß man keinen Halt mehr findet an dem, was man bislang ganz zu besitzen glaubte. Dann wird der Mensch vor eine schwierige Wahl gestellt: Entweder muß er auf alles innerlich verzichten und nur auf die letzte und absolute Wirklichkeit hinsteuern oder in etwas anderem einen Halt finden, das eben noch nicht das Letzte und Absolute ist. Das aber wäre eine Falschlösung.

Trotzdem finden wohl die allermeisten Menschen solchen Ersatz. Früher oder später mag der Mensch darin dann eine gewisse Ruhe finden, aber seine große Chance hat er für immer verpaßt. Er bleibt für sein Leben unvollendet, nicht nur objektiv und absolut, sondern auch subjektiv und relativ. Das soll heißen: Er bleibt nicht nur unvollkommen in dem Sinn wie jeder, auch der größte Heilige, unvollkommen ist, sondern im Verhältnis zu dem, was er hätte erreichen können und sollen. Denn das ist nicht bei allen Menschen dasselbe. Wohl aber sollte jeder Mensch zu der Vollkommenheit gelangen, die für ihn persönlich im Bereiche der Möglichkeit liegt. Erst dann und in dem Maße, wie er sich diesem Grade nähert, wird er glücklich und kommt zu jener Ruhe, die wirklich echt und daher unverlierbar ist.

Es kommt noch hinzu, daß er nicht nur zur Ruhe gelangt, sondern damit auch die innere Freiheit findet, ohne merkliche Schwierigkeit oder innere Hemmung das Rechte zu tun, soweit es ihm möglich ist. Das aber hat auch für sein Verhältnis zu den Mitmenschen große Bedeutung. Es geht also nicht nur um eine Ruhe, in der er allein glücklich ist, sondern er kann eben deswegen mehr zum Glück anderer beitragen als Menschen, die weniger geläutert sind. Das sind dann – oder werden – jene Menschen, die das bereits erwähnte »mystische Denken« zu vollziehen vermögen, da sie vorurteilslos sind und daher wahrhaftig und, soweit es dem Menschen überhaupt möglich ist, die Wahrheit treffen. Sie sehen die Dinge und auch die Menschen so, wie sie wirklich sind.

Bisher haben wir vorwiegend von der ethischen Bedeutung des Satori gesprochen. Es versteht sich von selbst, daß die Wesensschau in dieser Hinsicht auch für den Christen und nicht nur für den Buddhisten von großem Nutzen sein kann. Reinigung, Katharsis, von allem was nicht »in Ordnung« oder für eine höhere Erkenntnis hinderlich ist, hat in jedem religiösen Bekenntnis eine große Bedeutung und daher auch im christlichen.

Aber es gibt noch eine andere Frage, die oft gestellt worden ist, und die wir nicht übergehen möchten: Hat das Satori für den christlichen Glauben etwas zu bedeuten? Wir haben diese Frage schon in dem Sinn positiv beantwortet, daß die Zen-Meditation den religiösen Glauben erleichtert und dort, wo dieser verloren ist, ihn von neuem gewissermaßen erwecken kann. Hier ist die Frage etwas anders gemeint, nämlich: ob gerade das Erlebnis der Erleuchtung unseren Glaubensinhalt bereichern kann. Manchmal wird gefragt: Warum fanden Buddha und die großen Zenmeister trotz ihrer tiefen Erleuchtung nicht zum Gottesglauben? Daher die Frage nach dem Verhältnis des Satori zum Gottesglauben.

Was zunächst den Stifter des Buddhismus selber angeht, so ist die Frage, ob er an Gott geglaubt hat oder nicht, umstritten. Sicher scheint zu sein, daß Buddha stets geschwiegen hat, wenn er nach Gott, nach der Seele oder dem Jenseits gefragt wurde. Aber das beweist nicht, daß er selbst nicht an Gott geglaubt hat. Es ließen sich auch andere Gründe für sein Schweigen anführen. Es gibt jedenfalls auch in Indien heute Leute, die der Meinung sind, daß Buddha an Gott geglaubt hätte. Dafür wird unter anderem Mahatma Gandhi angeführt.

Ob die Zenmeister zu einem »ausgesprochenen« Gottesglauben kommen oder nicht, ist eine Frage, die man zunächst nur mit »nein« beantworten kann. Ausnahmen gibt es natürlich, aber sie sind selten. Trotzdem ist der Zen-Buddhismus nicht atheistisch. Die Zenmeister, wenigstens die meisten, lehnen diese Bezeichnung ab. Das scheint ein Widerspruch zu sein. Wir müssen, um die richtige Antwort zu finden, die Frage losgelöst von fest umrissenen Begriffen untersuchen.

Es scheint uns, daß die Zen-Erleuchtung trotz allem in gewissem Sinne eine Gotteserfahrung ist. Es ist zwar eine Tatsache, daß sich gegenwärtig kaum ein Zenmeister in dieser Form über die Erleuchtung aussprechen wird, schon deswegen nicht, weil das für ihn einen Dualismus bedeuten würde, den der Buddhismus nicht gelten läßt: Alles ist eins. Wir können aber, das Wort »Gott« beiseite lassend, ohne Bedenken sagen, daß die Erleuchtung eine »Seinserfahrung« ist. Versuchen wir näher zu determinieren, was Seinserfahrung bedeutet, so müssen wir uns fragen, was dieses Sein ist, das hier erfahren wird. Ist es ein relatives Sein, ein Seiendes? Das würde für den Zen-Buddhisten nichts bedeuten, wäre keine Wesensschau; denn er will ja über das relative Sein hinauskommen. Das differenzierte Sein hat für ihn, streng genommen, keine Wirklichkeit, wie wir gesehen haben. Nein, für den Buddhisten ist es das absolute Sein, das in der Wesensschau erfahren wird, gleich ob er es so nennt oder nicht, ob er sogar Nichts oder Leere sah. Es ist die letzte und absolute Wirklichkeit.

Und was ist Gott, wenn man von allen anthropomorphen Vorstellungen absieht, anderes als die letzte und absolute Wirklichkeit? Es ist zu bedauern, daß man sich so schwer in diesem Punkte miteinander verständigen kann. Leider werden in den nicht-monotheistischen Religionen, z. B. dem Buddhismus, die Gottesvorstellungen der Christen sowohl wie der Juden und Mohammedaner allzu leicht mit denen der polytheistischen Religionen verwechselt. Das gilt auch vom Shintoismus, der Urreligion der Japaner, der übrigens nicht einmal Polytheismus ist, sondern in erster Linie eine Ahnenverehrung. Das heißt: das Wort, das dort zur Bezeichnung der Götter gebraucht wird, *kami*, meint im Shintoismus die Seelen der Verstorbenen. Damit ist zwar noch nicht alles gesagt über diese Religion; es gibt auch noch etwas anderes als die Geister der Verstorbenen. Aber darauf können wir hier nicht näher eingehen.

Was uns in diesem Zusammenhang noch interessiert, ist die Tatsache, daß man zur Bezeichnung Gottes im christlichen Sinne dasselbe Wort *kami* gebraucht, weil es im Japanischen kein anderes Wort gibt für Gott. Zeitweilig hat man, um Mißverständnisse zu vermeiden, das chinesische Wort *tenshu* (Herr des Himmels) genommen. Aber letzthin ist man wieder zu *kami* zurückgekehrt, weil sich inzwischen auch der christliche Sinn dieses Wortes durchgesetzt hat. Im Buddhismus wird weder das eine noch das andere Wort gebraucht. Dort spricht man nur von Buddha *(hotoke)* und Buddhas.

Nun aber ist damit unsere Frage noch nicht vollends beantwortet. Denn damit, daß Gott die letzte und absolute Wahrheit ist, ist noch nicht erwiesen, daß Gott Person ist, und erst recht nicht die Dreipersönlichkeit Gottes. Daß man Gott Person nennt, ist gerade das, was den Buddhisten stört. Der Begriff Person, für den es übrigens im Japanischen kein Wort gibt, ist dem Menschenbereich entnommen. Dazu kommt, daß schon in den Schriftzeichen des für diesen Begriff mit Mühe geschaffenen Wortes das Menschliche zum Ausdruck kommt. Es heißt wörtlich: Menschengestaltiger *(jinkaku)* Gott. Solange also der Zen-Buddhist nicht versteht, was im Christlichen mit Gott eigentlich gemeint ist, kann er sich nicht mit dem Gedanken aussöhnen, daß das absolute Sein, das er in der Wesensschau erfährt, ein persönlicher Gott ist.

Umgekehrt ist es durchaus verständlich, daß der Christ, wenn ihm die Erleuchtung zuteil wird, diese unmittelbar als Gotteserfahrung empfindet. Für den Buddhisten dagegen wird die Erleuchtung als Erfahrung der letzten und absoluten Wirklichkeit empfunden, ohne irgend eine nähere Bezeichnung, Namen oder »Etikette«, man könnte sagen: als »weiselos«. Es steht übrigens ohne Zweifel fest, daß die Erfahrung, die im Zen Satori oder Wesensschau genannt wird, auch in anderen, wohl in allen ernsten Religionen vorkommt. Im Christentum hat man dafür die Bezeichnung »Begegnung mit Gott«, dann aber in einem ganz speziellen Sinne. Jeder, dem diese »Begegnung mit Gott« zuteil wird, fühlt sich dadurch aufs stärkste in seinem Gottesglauben befestigt.

Den Unterschied zwischen Buddhismus und Christentum in dieser Erfahrung hat man oft durch die Gegenüberstellung von dem absoluten »Es« und dem absoluten »Du« charakterisiert. Auch dazu möchten wir eine Bemerkung machen, die vielleicht zum besseren Verständnis der besprochenen Frage beitragen kann. Wir zitieren dazu ein Wort, von einem, der seit langer Zeit in Indien lebt und tief in die mystischen Erfahrungen des Yoga eingedrungen ist: »Solange der Mensch nicht die ›verzehrende‹ Erfahrung der Nähe und zugleich der Ferne des ›Sein‹ gemacht hat, ist es da wirklich Gott, an den das ›Du‹ seines Gebetes gerichtet ist? Setzt er sich nicht oft der Gefahr aus, bei einer bloßen Reflexion der Wahrheit stehen zu bleiben, die er im Spiegel seiner Seele vermutet oder in seinen Gedanken erfaßt hat.«[17]

Gott ist nicht ein »Du« wie der Mensch ein »Ich« ist. Sein Du ist, begrifflich, unendlich vom menschlichen Ich entfernt, es ist unbegrenzt und überbegrifflich. Dabei soll nicht angetastet werden, daß wir mit Gott ins Gespräch gehen dürfen. Hat uns doch Christus selbst gelehrt: »Vater im Himmel, geheiligt werde *dein* Name!« Aber wir sollten uns doch dabei bewußt bleiben, daß wir, solange wir leben, immer auf dem Wege zu Gott sind und auf der Suche nach Gott bleiben müssen und daß wir ihn immer noch vollkommener finden können, selbst wenn wir nicht im geringsten an seinem Dasein zweifeln. Ganz und vollkommen, wie er ist, finden wir ihn doch erst, wenn wir ihn nicht mehr wie im Spiegel, sondern von Angesicht zu Angesicht schauen.

---

[17] Le Saux: »Sagesse Hindoue – Mystique Chrétienne«, Edit. du Centurion, Paris 1965. S. 135.

Erinnern wir uns nun nochmals daran, daß das Satori die unmittelbare Wahrnehmung des Selbst ist. Das steht keineswegs mit dem soeben Gesagten im Widerspruch. Denn auch von dorther gibt es einen Zugang zur Gotteserfahrung. Das eigentliche Selbst ist nämlich geistiger Natur und so tief in seinem Urgrund, der Gott ist, verwurzelt, daß es unmittelbar und ohne Reflexion nicht ohne seinen Bezug zum absoluten Sein wahrgenommen werden kann. »Es ist eine Tatsache, daß der Mensch im selben Maße Gott durchdringt, wie er zu sich kommt und in dem selben Maße zu seinem eigenen Selbst kommt, wie er zu Gott kommt. Um Gott wirklich zu finden, muß er in jene Tiefen seines Selbst hinabsteigen, wo er nichts anderes ist als ein Abbild Gottes; dort wo das Selbst verschwindet und nur noch Gott ist. Dort ist Gott niemals nur in der Reflexion seines Gedankens oder in seinem Bewußtsein, sondern wird unmittelbar vom Menschen berührt [18].« Es hat sich immer wieder bestätigt, daß der Mensch, wenn er zum eigentlichen tiefsten Selbst kommt, zu Gott hin findet. Allerdings löst sich dann das Selbst scheinbar auf, und daher (emp)findet der Buddhist in diesem Erlebnis das Einssein mit dem All oder die Nicht-Zweiheit.

---

[18]) Le Saux, a. a. O. S. 135.

ZEN UND CHRISTLICHE MYSTIK

ALLGEMEINES

Wer mit der christlichen Mystik einigermaßen vertraut ist, dem wird beim Studium des Zen manche Ähnlichkeit mit ihr auffallen. Auch das Umgekehrte hat sich wiederholt bestätigt. Japanern, die im Zen Erfahrung haben, fällt beim Lesen der Schriften christlicher Mystiker immer wieder die Ähnlichkeit zwischen beiden auf, obwohl nur weniges aus dieser Literatur – und auch das nur in einem engen Kreise – bekannt ist. In japanischer Sprache Zugängliches ist noch weniger vorhanden. Nur Meister Eckhart ist in weiteren Kreisen bekannt geworden. Von Theresia von Avila und Johannes vom Kreuz ist einiges übersetzt, wird aber über christliche Kreise hinaus nur wenig gelesen. Gibt man aber Zen-Mönchen solche Schriften, so findet man immer, daß sie viel Verständnis dafür haben, obwohl sie vom Christentum selbst meistens nur wenig wissen. Wir möchten, wenn auch nur kurz, den Parallelen zwischen Zen und Mystik bei einigen Vertretern der christlichen Mystik nachgehen. Das Weitere müssen wir dem Studium des einzelnen überlassen, was wir übrigens allen, die die Zen-Meditation üben, sehr empfehlen möchten.

Zunächst ist allgemein zu sagen, daß die Mystik in der christlichen Spiritualität nicht zu allen Zeiten so im Hintergrund stand wie das gegenwärtig immer noch der Fall ist. Im christlichen Altertum hat ein Clemens von Alexandrien bekanntlich die Meinung vertreten, daß der Christ, nachdem er den Unglauben durch den Glauben überwunden habe und getauft sei, noch einer tieferen Einsicht – »Gnosis« könnte man es nennen – bedürfe, da »nur der erleuchtete Mensch heilig und fromm ist und allein den wahrhaftigen Gott so verehrt, wie es Gottes würdig ist.«[19] Die Einsicht bei Clemens liegt nach diesen Worten in Richtung der Schau oder Glaubenserfahrung, die das Wesen der christlichen Mystik ausmacht. Ohne Zweifel ist hier etwas gemeint, das Erfahrung und nicht nur theoretisches Wissen ist, also eine Art der Erkenntnis, die im Buddhismus als unerläßlich notwendig angesehen wird.

Gehen wir weiter zum Mittelalter, so finden wir zur Zeit Eckharts und seiner Schüler in Deutschland eine große Bewegung zur Mystik, die gerade Eckhart durch den Versuch, dieselbe im Rahmen der Scholastik zu erfassen, gefördert hat. Es gab im Mittelalter, wie wir noch sehen werden, auch Anweisungen, die zur mystischen Erfahrung führen wollten. Späterhin wurde das Christentum gespalten. Bald verschärften sich die Gegensätze der Konfessionen in solchem Maße, daß sie bis in die Politik hineingetragen wurden und in lange dauernden Religionskriegen zum Austrag kamen. Die furchtbaren Konsequenzen dieser Situation sind genügend bekannt. Aber auch als dieses äußerste Extrem überwunden war, ging der geistige Kampf beständig weiter, bis endlich in unseren Tagen durch die Haltung der Kirche im 2. Vatikanischen Konzil eine Wendung zur gegenseitigen Annäherung stattfand.

Es ist nicht zu verwundern, daß zur Zeit des Bruches im Christentum die mystische Bewegung zum Stehen kam und man sich auf den apologetischen Kampf konzentrierte. Dazu kamen noch die Vorurteile gegen alles, was nach Mystik schmeckte und zum Teil in der »Schwärmerei« und in anderen üblen Erfahrungen falscher Mystik ihren Grund hatten.

---

[19]) Vgl. Karrer: »Der mystische Strom von Paulus bis Thomas von Aquin«, S. 64 ff.

Diese Vorurteile bestehen auch heute noch in vielen Kreisen. Das ist auch der Grund, daß alles, was von ähnlichen Erfahrungen der nicht-christlichen Religionen in christlichen Ländern bekannt wurde, zunächst als Pseudomystik abgelehnt wurde. In letzter Zeit erkennt man wohl die Echtheit dieser Erfahrung, bezeichnet sie aber als »natürliche Mystik« zum Unterschied von der christlichen Mystik, die allgemein als übernatürliche Mystik betrachtet wird.

Wie auch sonst im Geistesleben der Menschheit folgte auf die langdauernde negative Haltung gegenüber der Mystik eine Gegenbewegung zugunsten der Mystik. Diese setzte schon nach dem 1. Weltkrieg ein. Aber sie war noch zu schwach und kam nicht recht zum Zug, bis sie dann bald in der Weiterentwicklung inner- und außerpolitischer Wirren wieder unterging. Und doch haben gerade die Schrecken jener Zeit, zusammen mit der Ablehnung des Rationalismus auf religiösem Gebiet und noch andere Gründe, ein tiefes Verlangen nach Glaubenserfahrung und Mystik wachgerufen. Da man auf offiziell-christlicher Seite diesen Bestrebungen immer noch meist ablehnend gegenüber stand, wandten sich viele, auch Christen, den nicht-christlichen östlichen Religionen zu, wo sie für diese Seite im Religiösen mehr Möglichkeiten sahen. Manche kamen auf diesem Umwege zur Kenntnis der christlichen Mystik, manche schlossen sich auch diesen Religionen an. Aber allmählich scheint sich alles das in einer Neu-Entdeckung der Mystik auszuwirken, was sehr zu wünschen wäre. An der Schwelle dieses Übergangs stehen wir heute. Daher ist es wohl mehr als naheliegend in Verbindung mit der Zen-Erfahrung von den christlichen Mystikern zu sprechen.

Wir haben schon ausführlich über den Vollzug der Zen-Meditation und, im Zusammenhang damit, über den Vorgang bei der christlichen Meditation gesprochen und beide miteinander verglichen. Dabei sind uns zwei Dinge aufgefallen. Das erste ist die Tatsache, daß das *zazen* großen Wert auf die physische Mitwirkung durch entsprechende Körperhaltung und Atmung legt, während die christliche Meditation keine bestimmte Körperhaltung und Atmung vorschreibt. Das zweite ist, daß die Zen-Meditation keinen Gegenstand der Betrachtung im eigentlichen Sinne hat, während die christliche Meditation, wenigstens zunächst, gegenständlich ist, obwohl sie im weiteren Verlauf auch übergegenständlich wird oder werden sollte.

Es ist uns nach allem, was wir sonst noch über die Zen-Meditation und über die Erleuchtung gesagt haben, wohl klar geworden, daß die Zen-Meditation auf das Absolute, und zwar direkt und ohne Umwege auf das Absolute ausgerichtet ist. Die Frage ist nun: Gibt es auch eine christliche Meditation, die, wie das *zazen,* direkt auf die Erfahrung des Absoluten abzielt? Das würde im Christentum heißen: auf die Erfahrung Gottes. Gewiß, auch die christliche Meditation, und zwar jede, geht schließlich auf das Absolute, auf Gott hin. Durch die Meditation soll Gott immer besser erkannt und als Person immer vollkommener geliebt werden, wobei die Liebe zum Nächsten wesentlich eingeschlossen ist. Das ist das Ziel aller christlichen Aszese. Aber es fragt sich, ob es im Christentum nur eine Meditation gibt, die Gott in der Weise zum Gegenstand hat, daß sie über Gott nachdenkt, wie es gewöhnlich geschieht. Oder ob es auch dort eine Meditation gibt, die darauf ausgeht, zu einer intuitiven und unmittelbaren Gotteserkenntnis zu kommen.

Nach der Auffassung der meisten Theologen ist es dem Menschen freilich nicht möglich, in diesem Leben zu einer vollkommenen intuitiven Erkenntnis Gottes zu gelangen. Die *visio beatifica,* die beseligende Anschauung Gottes, kann erst nach dem Tode stattfinden. Schon im Alten Testament steht geschrieben: »Kein Mensch sieht mich (Gott) und bleibt am Leben [20]«, und Johannes sagt: »Gott hat nie jemand geschaut; der Eingeborene, der Gott ist, der im Schoße des Vaters ist, er brachte uns die Offenbarung«.[21]

Trotzdem sprechen sowohl die Kirchenväter als auch die Mystiker oft von einem Schauen Gottes, das, im Gegensatz zu der auf dem Glauben beruhenden Gotteserkenntnis, auch experimentelle Gotteserkenntnis genannt wird, ähnlich wie man im Zen das Satori oder die Wesensschau, im Gegensatz zur theoretischen Erkenntnis, als Erfahrung bezeichnet. Tatsächlich gibt es auch im christlichen Bereich eine Meditation, die die experimentelle Gotteserkenntnis zum Ziel hat. Wir wollen darüber einige Mystiker des westlichen Christentums und der Ostkirche hören.

Bevor wir die Mystiker befragen, möchten wir auf einer breiteren Grundlage über die Möglichkeit der Gotteserfahrung einige Gedanken vorlegen. Es ist eine Tatsache, vielleicht auch mit eine Folge des wissenschaftlichen Denkens, daß der Mensch unserer Zeit weniger nach Wahrheit, die bewiesen wird, als nach Wirklichkeit sucht, die er erfahren kann. Auch im religiösen Bereich ist diese Einstellung weitgehend maßgeblich geworden. Der Mensch verlangt nicht nach Beweisen, daß Gott ist, sondern nach Gottes-Erfahrung. Theoretische Beweise beruhigen ihn nicht. Noch vor gar nicht langer Zeit hätte man ein solches Verlangen als Anmaßung zurückgewiesen mit der Begründung, daß die Gotteserfahrung eine besondere Gnade sei, die nicht jedem zuteil wird und überdies, daß der Glaube allein genüge. Die Frage von der Möglichkeit der Gottes-Erfahrung in einem weiterem als dem streng mystischen Raum muß von neuem gestellt werden. Von ihrer Beantwortung wird der Glaube des heutigen Menschen weitgehend abhängig sein.

---
[20]) Exod. 33,20.
[21]) Joh. 1,18.

Klemens Tilmann sagt zu dieser Frage: »Wie kann man Gott als Wirklichkeit erfahren? Wie kann man Gott finden? ... wer darauf antwortet: ›Gott finden? Gottes Dasein beweist man! Dann weiß man, daß es Gott gibt...‹ spricht aus einem Denken, das einer zu Ende gehenden Zeit angehört. Der Zweifel an Gottes Dasein liegt in der Luft. Er wird mit Beweisen nicht überwunden.« [22]

Man darf sich aber diese Gotteserfahrung nicht so vorstellen, daß Gott im Sinne einer Person, also als ein Begriff erfahren wird, wie er bei demjenigen allenfalls vorhanden ist, der Gott bereits gefunden hat. Darum geht es hier, bei dieser Entdeckung, zunächst nicht. Was erfahren wird, ist der Grund, »von dem her die Dinge auf uns zukommen, also jenes Geheimnis, auf das unsere Sehnsüchte hin gerichtet sind; als das, was uns im Dasein trägt; worauf alles ruht; was uns in der Tiefe anzurühren vermag; was durch allen Sinn und alle Schönheit hindurchleuchtet«.[23] Man hat diese Erfahrungen vielfach mit Recht als Seins-Erfahrungen bezeichnet, was sie wirklich sind. Was das des näheren bedeutet, haben wir schon bei der Besprechung der Wesensschau erklärt, die ja in einer ganz besonderen Weise eine Seins-Erfahrung ist. Die Seinserfahrungen, von denen hier die Rede ist, liegen zum mindesten in derselben Richtung.

Es kommt uns in diesem Zusammenhang auch nicht darauf an, die Seinserfahrungen gegen die Gotteserfahrungen der christlichen Mystiker abzugrenzen. Vielleicht ist auch keine eindeutige klare Grenze zwischen beiden möglich, und ist es dem Besteigen eines hohen Berges zu vergleichen, wo die Luft, je höher man kommt, um so reiner wird. Vielleicht ist auch die Menschheit in ihrer geistigen Entwick-

---

[22]) Vgl. Kl. Tilmann: »Staunen und Erfahrungen als Wege zu Gott«, Verlag Benziger, Einsiedeln, 1868, S. 90.
[23]) A. a. O. S. 109.

lung in eine neue Sphäre eingetreten oder im Begriffe einzutreten, die durch das mystische Erkennen und weiterhin durch das mystische Denken gekennzeichnet ist, während die geistige Welt, die wir zu verlassen im Begriffe sind, durch ein überspitzt rationalistisches und »wissenschaftliches« Denken geprägt ist. Über dieses mystische Denken, durch das der »neue Mensch« charakterisiert wäre, wurde schon verschiedentlich gesprochen. An dieser Stelle möchten wir darüber nicht im einzelnen handeln, weil es uns zu weit ablenken würde. Hier kam es zunächst nur darauf an, ein gewisses Bindeglied zwischen dem gewöhnlichen Erleben und dem der Mystiker herzustellen.

Kommen wir nun zurück zu der Frage, ob es auch im Christentum eine Meditation gibt, die sich unmittelbar auf die Gotteserfahrung richtet. Wenn wir die Schriften der Mystiker studieren, werden wir finden, daß der Weg der christlichen Mystik ein Weg zur Gotteserfahrung und weiterhin zur Gottvereinigung ist. Wir werden auch sehen, daß der ganze Weg viel Ähnlichkeit mit dem des Zen hat, so wie wir ihn im ersten Teil dargelegt haben. Diese Untersuchung wird uns daher auch zeigen, wie das Zen vom christlichen Standpunkt aus zu beurteilen ist. Wir wollen nun die Zen-Meditation in allen ihren Teilen und Phasen mit einigen der bedeutendsten christlichen Mystiker vergleichen.

DAS NICHT-DENKEN DER MYSTIKER

Wir müssen uns bei der großen Zahl der Mystiker, von denen uns die Geschichte berichtet – gar nicht zu reden von jenen, die ihr Geheimnis mit ins Grab genommen haben – auf einige wenige beschränken. Wir wählen daraus Bonaventura, Meister Eckhart, die Viktorianer, Johannes Tauler, Jan van Ruysbroeck und Johannes vom Kreuz.[24]

Bewußtseinsleere

An erster Stelle sollen einige Stellen aus den hl. Schriften des hl. Bonaventura angeführt werden. Er sagt: »Der Geist bedarf, um zur vollkommenen Beschauung zu gelangen, der Reinigung. Der Verstand ist dann gereinigt, wenn er von allen sinnlichen Erkenntnisbildern absieht, noch mehr gereinigt ist er, wenn er auch von den Phantasiebildern frei ist, vollkommen gereinigt ist er, wenn er von den philosophischen Schlußfolgerungen frei ist.«[25] An anderer Stelle sagt er zu Matthäus 5, 5: »Selig die Trauernden; denn sie werden getröstet werden.« – »Nur der kann es empfangen, der sprechen kann: ›Todesbangen hat gewählt meine Seele, und Sterben mein Gebein.‹ Wer diesen Tod liebt, der mag Gott schauen; denn unbezweifelt ist es wahr, daß ›niemand Gott schauen kann und leben‹. So laßt uns denn sterben

---

[24] Näheres im Zusammenhange der genannten siehe in Lassalle: »Zen-Buddhismus«, Verlag Bachem, Köln, 1966.
[25] Bonaventura, I.: »Buch der Sentenzen«, 2. Dist.

und eintreten in die Finsternis.«[26] Gemeint ist jene geistige Finsternis, die darin besteht, daß die gewöhnliche Verstandestätigkeit vollkommen ausgeschaltet ist. Das besagt auch das erste Zitat und stimmt überein mit dem, was bei der Zen-Meditation verlangt wird.

Schon Gregor von Nyssa hat denselben Gedanken ausgesprochen: »Hierdurch bekehrt uns nämlich das Wort, daß die religiöse Erkenntnis im Anfang ein Licht ist für den Menschen, dem sie aufgeht... In der weiteren Entwicklung aber, da der Geist immer weiter und vollkommener fortschreitet in wahrer Erkenntnis, da wird er inne, je näher er dem Schauen kommt, und immer deutlicher sieht er, daß das göttliche Wesen unschaubar ist. Denn da er alles zurückläßt, was da scheint, nicht nur, was der Sinn erfaßt, sondern auch, was der Verstand zu sehen meint und immer tiefer dringt ins Innere, bis er mit seines Geistes Bemühen versinkt im Unschaubaren und Unfaßlichen – dort ›sieht er Gott‹. Denn darin besteht das wahre Wissen um das Gesuchte, und das heißt sehen – nicht sehen. Das Ziel des Suchens liegt jenseits allen Wissens, wie von einer Wolke allseits umhüllt von Unbegreiflichkeit...«[27]

Ganz ähnlich sagt Dionysius vom Areopag: »In diesem überlichten Dunkel also möchten wir sein und möchten wir schauen in Blindheit und Wissen im Unwissen, was jenseits von Schauen und Wissen ist – gerade durch Nicht-Schauen und Nicht-Wissen. Denn das heißt wahrhaft schauen und wissen, und das ist überwesentlicher Preis des Überwesentlichen: abzustreifen alles, was Sein ist.«[28]

Noch auffälliger vielleicht sind die Parallelen mit dem

---

[26] Bonaventura: »Itinerarium mentis«, VII, 5.
[27] Cant. Cant. 888–895.
[28] Myst. Theologie 2. Vgl. auch Dionysios Areopagita: »Über die Hierarchie der Engel und der Kirchen« und »Mystische Texte«, im O. W. Barth-Verlag, Weilheim Obb.

Zen, die wir bei Meister Eckhart finden. Er ist denn auch von allen Vertretern der christlichen Mystik am besten in Japan bekannt. Das hat, von der Mystik abgesehen, auch darin seinen Grund, daß Eckhart, von der deutschen Romantik gewissermaßen wiederentdeckt, zunächst als Pantheist galt und unter dieser Annahme den östlichen Religionen besonders nahe zu stehen schien. Auf die Schwierigkeiten, die dem Meister wegen seiner Lehre von seiten der Kirche erstanden, soll hier nicht eingegangen werden. Tatsache ist, daß Eckhart sich sehr für die Mystik eingesetzt hat und die Menschen seiner Zeit zur Gotteserfahrung hinzuführen suchte. Er gilt daher auch als Vater der deutschen Mystik und ist gerade in dieser Beziehung dem Zen verwandt, da es auch dort um das Erlebnis des Absoluten geht.

Es ist nicht zu verwundern, daß man bei Eckhart Aussprüche und Anweisungen findet, die ein Zenmeister getan haben könnte. So z. B. sagt er, man müsse »Gott lassen um der Gottheit willen«. D. h.: Um zum Wesen Gottes, dem Eigentlichen und Letzten zu kommen, müsse man die Personen lassen, da diese erst aus dem Wesen Gottes hervorgegangen seien. Wie wir gesehen haben, wird im Zen das Absolute überhaupt nicht, auch vorübergehend nicht, als Person aufgefaßt. Ganz ähnlich sagt Rinzai (gest. 867): »Töte den Buddha, töte Gott, töte deine Vorfahren etc.« Und doch soll das nicht heißen, daß man den Buddhismus fortwerfen müßte, um zur Erleuchtung zu gelangen, sondern daß man von allen Begriffen frei sein muß, um das Absolute zu erfassen.

Eine andere Entsprechung finden wir bei Meister Eckhart in der Auffassung von der vollkommenen geistigen Entsagung, nicht nur des Verstandes sondern auch des Willens, von der er in der »Predigt von der Armut« spricht. Er sagt dort: »Solange der Mensch dieses noch an sich hat, daß es sein Wille ist, den allerliebsten Willen Gottes erfüllen zu wollen, so hat ein solcher Mensch nicht die Armut, von der wir sprechen wollen. Denn dieser Mensch hat noch einen Willen, mit dem er dem Willen Gottes genügen will, und das ist nicht rechte Armut. Denn, soll der Mensch wahre Armut haben, so muß er seines geschaffenen Willens so ledig sein, wie er es war, als er noch nicht war...«[29] Dem entspricht im Zen das Prinzip: »Durch vollkommene Verneinung zur vollkommenen Bejahung.«

An nächster Stelle seien die Viktorianer genannt. Zur Einführung möchten wir kurz vorausschicken: St. Viktor ist der Name eines alten Klosters in der Nähe von Paris, das längst zerfallen war, als Wilhelm von Champeaux, ein Pariser Theologe, im Jahre 1108 in dem halb zerfallenen Kloster seinen Wohnsitz nahm. Er baute das Kloster wieder auf und gründete daselbst eine »Schule« der Theologie und Mystik, die bis heute unter dem Namen: »St. Viktor« bekannt ist. Die bedeutendsten Vertreter dieser Schule waren Hugo (gest. 1144), ein Deutscher; Richard (gest. 1175), ein Schotte und Adam (gest. 1192), ein Sohn der Bretagne. Alle drei waren sowohl Theologen wie Mystiker. Hugo ragte unter den dreien als Theologe, Richard als Mystiker und Adam als Dichter hervor. Von Richard sagt Dante in der Divina Comedia, daß er mehr erschaute als je ein Mensch.[30]

Allgemein gesagt, wollten die Viktorianer zur Schau hinführen, zu dem Zustand, in dem die geoffenbarten Wahrheiten nicht nur geglaubt, sondern auch geschaut werden, soweit das dem Menschen in diesem Leben möglich ist. In diesem Bestreben treffen sie sich mit dem Zen-Buddhismus,

---

[29]) A. Dempf: »Meister Eckhardt«, Herder-Verlag, Freiburg, 1960. S. 149.
[30]) Siehe Näheres in: »Die Viktoriner. Mystische Schriften«, Verlag Jakob Hegner, Wien, 1936.

der sich nicht damit begnügt, die Lehre des Buddha zu glauben und zu erklären, sondern durch seine Meditation zur Schau und Evidenz dieser Lehre führen will. Er hält dies sogar für unbedingt notwendig, damit der Mensch wirklich erlöst wird.

Auch die Viktorianer verstehen die Schau nicht nur als letzte und höchste Schau, die dem Menschen mit eigener Kraft allein nicht möglich ist, wie es später Johannes vom Kreuz tat, sondern in einem Sinn, in dem sie bis zu einem gewissen Grade auch mit natürlichen Kräften möglich ist. Dies ist ähnlich dem Zen, das schon aus anderen Gründen nicht von einer übernatürlichen Schau spricht.

Richard unterscheidet im Aufstieg zur Schau, bzw. in der Schau sechs Stufen. Während auf den ersten beiden Stufen das Körperliche und Sinnliche im Vordergrund stehen, soll der Mensch auf der dritten Stufe sein Augenmerk auf das Geistige richten. In diesem Zusammenhange sagt er: »Große Arbeit ist es gewiß, Gewohntes hinter sich zu lassen, tief verwurzelte Ideen wieder aufzugeben und in hoher Forschung zum Himmel emporzuschwingen.« Das ist das Leermachen des Geistes, das im Zen von Anfang an gefordert wird und uns so schwer fällt. Bezeichnend sagt Richard: »Hier zuerst gewinnt die Seele ihre alte Würde wieder und erhebt Anspruch auf den ihr angeborenen Vorzug eigener Freiheit. Denn was ist dem Vernunft begabten Geiste fremder, was führt mehr zu unwürdiger Knechtschaft, als wenn das Geschöpf, das wahrhaft geistig ist, um das Geistige nicht weiß, und das auf die unsichtbaren und höchsten Güter hin geschaffen ist, nicht wenigstens zur Schau des Unsichtbaren sich erheben, wenn nicht darin verweilen sollte«.[31]

---

[31]) Ben. Maj.: a. a. O. S. 207/8.

Gegenständliche Betrachtung

Wir möchten nun sehen, was die Mystiker von der Betrachtung sagen, die, wie gewöhnlich im christlichen Bereich und unterschiedlich vom Zen, einen Gegenstand benützt.

Was zunächst die Viktorianer betrifft, so ist ihre Meditation von Anfang an schon intuitive Meditation. Aber sie benutzen doch auf den ersten Stufen einen Gegenstand, die Betrachtung, diesen aber in intuitiver Weise, obwohl auch das diskursive Element mit hineinkommt. Richard sagt: »Die erste Stufe ist in der Vorstellung und gemäß der Vorstellung allein ... In der Vorstellung befindet sich unser Schauen zweifellos dann, wenn in das Blickfeld die Gestalt und das Abbild der sichtbaren Dinge gerückt wird, wenn wir staunend bemerken und aufmerkend staunen, wie zahlreich, wie groß, wie verschieden diese körperlichen Dinge sind, die wir mit körperlichen Sinnen wahrnehmen, wie schön sie sind und wie lieblich, und in diesem Geschaffenen verehren wir staunend und bewundern wir verehrend die Macht, die Weisheit und die Fülle des Überwesentlichen. Dann aber weilt unser Schauen in der Vorstellung und wird allein gemäß der Vorstellung gestaltet, wenn wir nichts mit Beweismitteln suchen und durch Vernunftarbeit aufspüren, sondern unser Geist frei hierhin und dorthin sich ergeht, wohin das Staunen auf dieser Stufe der Anschauungen zieht«.[32]

Diese Art der schauenden Meditation wird übrigens bei der Teezeremonie in Japan geübt, die ganz und gar den Geist des Zen atmet. Sobald man auf den Knien durch den kaum einen Meter hohen Eingang in das Teezimmer gekommen ist, geht man zu dem in einer Nische hängenden *Kakemono* (Hängebild) und betrachtet, am Boden sitzend,

---

[32]) Ben. Maj. I, 6.

andächtig dieses meist sehr einfache Bild. Da sich außer demselben – und allenfalls einigen Blumen davor – im ganzen Raume keinerlei Schmuck befindet, wird man durch nichts von dieser Betrachtung abgelenkt. Dann geht man zum Teekessel, in dem das heiße Wasser über dem Holzkohlen-Feuer brodelt. Dort soll man das Rauschen des All wahrnehmen. Nach Beendigung der Teezeremonie werden die kostbaren, nur bei dieser Gelegenheit benutzten Teetassen, die oft einen sehr hohen Wert darstellen, das Gefäß für das Teepulver, für die Zeremonie besonders hergestellt, das Löffelchen aus Bambus, mit dem das Pulver in jede Tasse einzeln gefüllt wird und noch anderes, was bei der Zeremonie gebraucht wurde, herumgereicht und von allen Seiten sorgfältig betrachtet. Dabei spricht man über diese kostbaren Dinge und vielleicht über manches andere; denn bei dieser Zeremonie fehlt auch die Kommunikation untereinander nicht.

Das also ist die erste Stufe des Schauens in der Form der Teezeremonie. Dieselbe kann auch geschehen indem man in die freie Natur hinausgeht und diese betrachtet oder auch, indem man sich diese im Geiste vorstellt und darüber meditiert.

Die zweite Art des Schauens ist in »der Vorstellung gemäß der Vernunft«. Sie tritt ein, wenn wir zu dem, was wir in der Vorstellung hin und hergewendet ... den vernünftigen Grund suchen und finden und den so gefundenen in unsere Betrachtung staunend hineinnehmen.

Die dritte Stufe ist »in der Vernunft gemäß der Vorstellung«. »Dieser Art des Schauens bedienen wir uns, wenn wir durch das Gleichnis der sichtbaren Dinge zur Schau des Unsichtbaren erhoben werden.«[33] Die Dinge werden hier nicht mehr in sich betrachtet, sondern als Symbole der un-

---

[33]) Ben. Maj. I, 6.

sichtbaren, geistigen Dinge. Das Verständnis für diese Symbolik in den unsichtbaren Dingen war bekanntlich im Mittelalter hoch entwickelt, ist aber dem modernen Menschen fast vollkommen verloren gegangen, weil er in der Natur kaum etwas anderes als Materie und Gesetzmäßigkeit sieht. Im Sinn der Viktorianer tritt der Mensch auf dieser Stufe des Schauens mit seiner Meditation in das Geistige ein und muß sich freimachen von den rein körperlichen Vorstellungen, wie wir vorher gesagt haben.

Auch Tauler, der so sehr auf die innere Einkehr drängte, wußte, daß sich dieselbe bei den meisten Menschen nicht von Anfang an und wie von selbst vollzieht. Daher gestattete er den Anfängern, daß sie von außen her, nämlich durch die Sinne und bildhafte Form, den Stoff für die Betrachtung herantrugen. Er wollte freilich nicht, daß man für immer bei dieser Art der Meditation, die wir als gegenständlich bezeichnet haben, stehen bleiben, sondern sie sollte nur ein Durchgangsstadium sein.

Wenn aber weder diese Art, noch bereits die Einkehr gelingen wollte, dann riet er mündliche Gebete an und wollte nicht, daß man nur um die Leere des Geistes bemüht sei, damit nicht der Teufel in diese Leere hineinfahre: »Indes, liebe Kinder, wer sein Faß nicht mit edlem Zypernwein füllen kann, der fülle es wenigstens mit Steinen und mit Asche, damit sein Faß nicht völlig leer und ledig bleibe und nicht der Teufel drein fahre. Da ist es besser, daß er der Fünfziger viele bete«.[34] Was dazu vom Zen her zu sagen ist, werden wir noch sehen.

Auch Johannes vom Kreuz betrachtet es als normal, daß die Anfänger zunächst die gegenständliche Betrachtung üben. Er sagt: »Wohl mögen solche Erwägungen und Bil-

---

[34] Weilner: »Johannes Taulers Bekehrungsweg«, Verlag Pustet, Regensburg 1961. S. 188/9.

der und Betrachtungsweisen für Anfänger notwendig sein, um die Seele durch das Sinnliche zur Liebe zu bewegen und zu entflammen; doch dienen sie auch da nur als entferntes Mittel zur Vereinigung mit Gott, und es müssen diese Seelen in der Regel durch sie hindurchgehen, um zum Ziel und in das Gemach der geistlichen Ruhe zu gelangen. Doch muß es auch dabei bleiben, daß sie nur hindurchgehen... Wo dies jedoch außer acht gelassen wird, geraten manche Seelen auf Irrwege... Dabei quälen sie sich ab und finden doch sehr wenig oder keinen Genuß...«[35]

Also nur als Durchgang soll diese Art der Betrachtung benutzt werden und nicht fürs ganze Leben, wie es heute oft geschieht, weil man nur diese Art der Meditation kennt oder glaubt, daß eine andere Weise allein für die von Gott besonders ausgewählten Seelen bestimmt sei. Johannes vom Kreuz sagt dagegen ausdrücklich: »Die Seele muß es nun soweit bringen, daß sie sich all dieser Vorstellungen und Wahrnehmungen entäußert und auch hinsichtlich dieses Sinnes im Dunkel bleibt, wenn sie zur göttlichen Vereinigung gelangen will«.[36]

Übergang zur übergegenständlichen Meditation

Es fragt sich nun, wann und wie dieser Übergang zu vollziehen ist. Hören wir zunächst Johannes Tauler. Zuvor aber ist zur Einführung einiges über diesen Autor zu sagen: Tauler ist einer der bedeutendsten Vertreter der Deutschen Mystik. Mehr noch als Meister Eckhart, dessen Schüler und Ordensmitbruder er war, bietet er uns Gelegenheit, gewisse

---

[35] Johannes vom Kreuz: »Aufstieg zum Karmel«. P. Ambrosius OCD, 3. Aufl., Verlag Kösel-Pustet. S. 127/8.
[36] A. a. O. S. 127.

Züge des Zen in dieser Mystik zu entdecken. Bei den philosophisch-theologischen Interpretationen der christlichen Mystik hielt er sich an seinen Lehrer, aber seine Stärke war nicht die Theorie sondern die Praxis, die Seelsorge. Er selbst hatte offenbar ein tiefes Erlebnis. Er erzählt uns zwar nirgendwo davon, wie ja auch sonst tiefe und demütige Menschen nicht von ihren inneren Erlebnissen sprechen, wenn nicht zwingende Gründe dafür vorliegen. Es ist ihr persönliches Geheimnis. Auch Tauler bewahrte dieses Geheimnis im eigenen Herzen bis zum Ende seines Lebens. Aber wenn man seine Predigten und geistlichen Vorträge liest, kann man ohne Schwierigkeit erraten, daß das, was er seine Mitmenschen lehrt, auf eigener Erfahrung beruht – ein Umstand, der uns seine Lehre um so mehr gesichert und wertvoller erscheinen läßt.

Tauler spricht weniger die Menschen an, die ein sündhaftes Leben führen als jene, die wohl ernstlich ein christliches Leben führen möchten, aber gewissermaßen an der Oberfläche haften bleiben und daher weder ihre Fehler von Grund auf bereinigen noch zu einem tieferen Gebetsleben kommen. Er ruft diesen das Wort des Propheten Jeremias zu: »Entsetze dich, Himmel, darob und erstarre vor Schauder, spricht der Herr. Ja, zwiefache Sünde beging mein Volk. Mich ließen sie, den Quell des Lebendigen Wassers, um sich Zisternen zu graben, brüchige Brunnen, die das Wasser nicht halten«.[37] Dann fährt Tauler selbst fort: »Was ist das für ein Volk, über das Gott so klagt? Das ist sein Volk, das sind geistliche Leute, die so gänzlich das Lebenspendende Wasser verlassen haben, und in deren Grund so wenig Licht und wahres Leben ist, dagegen nur Äußerlichkeiten; und dabei verharren sie gänzlich auf ihrer sinnengebundenen äußerlichen Art, ihren Werken und Ab-

---

[37] Jer. 2,12.13.

sichten; alles ist von außen hineingetragen vom Hören oder alles durch den Sinn aufgenommen in bildlicher Weise; und innen, wo Wasser aus dem Grunde herausspringen und quellen sollte, da finden sie nichts, gar nichts! . . . Und Gott sagt ihnen nicht zu. Und von dem lebendigen Wasser trinken sie auch nicht, das lassen sie sein . . . Was sich in solchen Zisternen sammelt, fault und nimmt üblen Geruch an; es trocknet aus, und das kommt vom Vorhaben der Sinne. So bleiben im Grunde Hoffart, Eigenwille, Hartsinn und böses Urteil, schlimme Worte, schlechtes Gebaren und Tadel über den Nächsten nicht aus Liebe und in Sanftmut, sondern da, wo weder Ort noch Zeit dafür ist . . .«[38]

Diese Menschen bleiben am Äußeren haften. Ihre Heiligkeit ist Scheinheiligkeit; sie vollziehen viele geistliche Übungen. Aber dieselben nützen ihnen wenig oder gar nicht, und darum bleiben die Wurzeln ihrer Unordnung, wie Hoffart, Eigenliebe und Lieblosigkeit gegen den Nächsten im Herzensgrund stecken. Ihre bösen Neigungen kommen immer wieder zum Ausbruch, weil sie nicht im Grunde bereinigt sind, sondern nur und vorübergehend vielleicht an der Oberfläche. Die Betreffenden sind sich vielleicht gar nicht über diesen Sachverhalt klar und wundern sich, daß sie immer wieder in ihre alten Fehler fallen.

Man kann wohl durch die Betrachtung die sich vorwiegend an der Oberfläche des Geistes vollzieht, wie sie mit Recht von den Anfängern geübt wird, seine Fehler erkennen und auch bekämpfen. Aber wenn man nicht bis zum Grunde kommt, wird man immer nur einen mäßigen Erfolg haben; dann aber kommt man nicht mehr weiter und wird oft entmutigt. Dasselbe gilt von der Meditation, wie wir schon früher dargelegt haben.

---

[38]) G. Hofmann: »Johannes Tauler, Predigten«, Verlag Herder, Freiburg, 1961. S. 125/6.

halten, sondern auch, und noch mehr, damit man zur Erleuchtung kommt, und man damit üben muß, bis dieses Ziel erreicht ist. Eher könnte man fragen: Welches ist der Zeitpunkt, mit einem Koan zu beginnen? Viele Zenmeister geben das Koan nicht gleich am Anfang, sondern erst später, vielleicht sogar viel später. In diesem Falle ließe sich die soeben gegebene Richtlinie verwerten.

Man kann nun, unabhängig von der Überlegung, ob jene Bedingungen, die nach Johannes vom Kreuz für den Übergang zu einer Meditation ohne Objekt erforderlich sind, auch für das *zazen* zutreffen, die Frage stellen, ob die dort angegebenen (beschriebenen Zustände) auch im *zazen* auftreten können. Was die beiden ersten betrifft, so ist die Frage hier gegenstandslos, weil man normalerweise im *zazen* keine solche Betrachtung macht und man seine Aufmerksamkeit von vornherein nicht auf Einzeldinge richtet. Anders ist es mit dem an dritter Stelle genannten Zustand, nämlich ob die Seele Freude daran findet, in liebendem Aufmerken auf Gott ganz allein zu sein, ohne besondere Erwägungen anzustellen. Darauf kommen wir bei der Beschreibung des Versenkungsweges zurück.

DER VERSENKUNGSWEG

Richard von St. Viktor sagt, auf die Notwendigkeit dieses Weges hinweisend: ». . . der Geist, der nicht in der Erkenntnis seiner selbst lange geübt und ganz erzogen ist, wird zur Erkenntnis Gottes nicht emporgehoben. Vergebens erhebt er das Auge des Herzens zum Schauen Gottes, wenn er nicht fähig ist, sich selbst zu schauen. Zuerst lerne der Mensch sein Unsichtbares zu erkennen, bevor er sich unterfange, das Unsichtbare Gottes erfassen zu wollen. Das erste ist, daß du das Unsichtbare deines Geistes erkennst, bevor du fähig werden kannst zur Erkenntnis des Unsichtbaren Gottes. Anderenfalls, wenn du dich nicht selbst erkennen kannst, wie willst du die Stirn haben, zu erfassen, was über dir ist?«[48]

Was ist hier gemeint mit der Erkenntnis des Selbst und was mit der Erkenntnis Gottes? Sowohl das eine wie das andere wird ein Schauen genannt, d. h. eine intuitive Erkenntnis, nicht aber eine Erkenntnis, die das Ergebnis schlußfolgernden Denkens ist oder die auf Grund von Autorität eines anderen erlangt ist. Unmittelbare, intuitive Erkenntnis des Selbst, des tieferen eigentlichen Selbst ist aber gerade das, was im wesentlichen das Satori ausmacht. Auch dort besteht ein Zusammenhang zwischen der Erkenntnis des Selbst in diesem Sinne und dem Absoluten, das in der Zen-buddhistischen Sicht die Stelle Gottes einnimmt. Überdies fallen in der Erleuchtung das Selbst und das Absolute zusammen; das Selbst wird in das Absolute eingeschmolzen.

---

[48]) Ben. Min. cap. 71.

Seit Augustinus ist immer wieder ausgesprochen worden, daß die Schau Gottes über die Schau des Selbst geht. Gott wird, solange der Mensch in diesem Leben weilt, im Spiegel des Selbst und nicht unmittelbar geschaut. Eben darin begründet auch Richard die Notwendigkeit der Schau des Selbst: »Als bedeutendsten und wichtigsten Spiegel zum Schauen Gottes findet der Vernunft-begabte Geist ohne Zweifel sich selbst vor. Wenn nämlich das Unsichtbare Gottes durch das, was geschaffen ist, erkennbar geschaut wird, wo, frage ich dann, werden die Erkenntnisspuren deutlicher angezeigt als in seinem Ebenbild? Der Mensch ist nach seiner Seele als Gottes Ebenbild geschaffen. So lesen wir: ›Dann sprach Gott: Laßt uns den Menschen machen als unser Ebenbild, uns ähnlich‹[49] – und glauben wir... ›Denn im Glauben wandeln wir und nicht im Schauen‹,[50] solange wir noch im Spiegel und Rätsel schauen. ›Jetzt sehen wir nur durch einen Spiegel in Rätseln...‹[51] und können, wie gesagt, zur mittelbaren Schau Gottes einen geeigneteren Spiegel als den vernünftigen Geist nicht finden.«[52]

Nun macht Richard sogleich die Anwendung: »Es reinige darum seinen Spiegel, es läutere seinen Geist, wem danach dürstet seinen Gott zu schauen. Der wahre Josef (hier als Symbol der Einsicht gemeint) hört darum nicht auf, diesen Spiegel zu halten, zu reinigen und unablässig hineinzuschauen. Zu halten, damit er nicht herabfalle und in der Liebe zur Erde stecken bleibe; zu reinigen, auf daß er nicht vom Staube eitlen Sinnes beschmutzt werde; hinein zu schauen, daß er nicht das ausgerichtete Auge ablenke zu nutzlosem Bemühen.«[53] Gerade diese Reinigung des Spie-

---

[49]) Gen. 1,26.
[50]) 2. Kor. 5,7.
[51]) 1. Kor. 13,12.
[52]) Ben. Min. cap. 72.
[53]) A. a. O.

gels, welcher der eigene Geist ist, vollzieht die Zen-Meditation als Reinigungsweg und wird fortgesetzt während der Berufsarbeit durch die Konzentration auf dieselbe, wie sie im Zen immer wieder angeraten wird. Wir erinnern uns auch daran, daß beim Vollzug der Meditation, während das leibliche Auge auf einen Punkt am Boden oder an der Wand, vor der man sitzt, gerichtet ist, das geistige Auge nach innen blickt, gewissermaßen dorthin, wo das Wesen des Menschen ist oder, wie es ein chinesischer Meister sagte, dorthin, von wo die Gedanken kommen.

Auch das folgende klingt an das Zen an: »Was soll dir denn die äußere Wissenschaft, wenn sie dir nicht verhilft zur inneren? Sonst ist deine Weisheit Torheit vor Gott. Was nützt es dir alles übrige zu wissen, aber dich selbst nicht zu kennen? Was rühmst du dich so sehr der Welt, Philosoph? ... Erwäge, was du bist, was du warst, und was du sein solltest und was du sein könntest. Was du warst von Natur, was du noch bist durch die Schuld, was du sein solltest durch eigenes Mühen, was du sein könntest durch die Gnade.« [54]

Bezug nehmend auf das Gleichnis vom Schatz im Acker [55]: »Nun gehe und verkaufe, was du hast, kaufe diesen Acker und suche nach dem verborgenen Schatz: Was du in der Welt begehrst, was du in der Welt zu verlieren fürchtest, das wende freudig auf für die Freiheit des Herzens. Hast du aber den Acker gekauft, so grabe in die Tiefe, und zwar fröhlich, wie die, welche einen Schatz graben ... Man muß aber den Schatz in der Tiefe suchen, weil die Wahrheit aus dem Verborgenen gewonnen wird.« Hier ist der Versenkungsweg beschrieben; denn der Acker ist der Acker des eigenen Herzens, in dem der Schatz verborgen liegt, den man suchen und finden muß.

---

[54]) Ben. Maj. III, 2.
[55]) Matth. 13,44.

Ausführlich wird von Tauler der Versenkungsweg behandelt. Das ist sein besonderes Thema. Er nennt es die »Kehre« oder Einkehr. In diesem Sinn spricht man von Taulers Bekehrungsweg. Er fand diesen Weg durch eigene Erfahrung oder besser noch: Er wurde diesen Weg geführt. Es ist der Weg der Einkehr oder der Versenkung in den Seelengrund.

Tauler wollte gewiß auf den Spuren seines Meisters den Menschen einen Weg zur mystischen Vereinigung führen, zur »Gottesgeburt«, wie man seit den Tagen des hl. Bernhard sagte. Aber er besteht doch viel mehr auf der ethischen Auswirkung mystischer oder ähnlicher Erfahrungen als auf dem Erlebnis selbst. Er hatte die feste Überzeugung, daß der Mensch nur auf dem Wege der inneren Einkehr zur Vollkommenheit gelangen könnte. Daraus erklärte sich auch, daß geistliche Leute, d. h. Priester und Ordensleute, deren es damals viele gab, trotz vieler Gebete und anderer geistlichen Übungen immer noch so fehlerhaft blieben. Sie gingen eben nicht bis zum »Grund«.

Wir brauchen hier nicht zu wiederholen, warum der Weg in den Seelengrund ein Weg der Reinigung ist. Was wir darüber gesagt haben, gilt für jeden Menschen, gleich ob er Buddhist oder Christ ist. Das letzte Ziel Taulers ist also eine gründliche Umwandlung des Menschen. Der von Sinneseindrücken und sinnlichen Begierden geleitete Mensch soll ein geistiger werden, d. h. ein Mensch, der bis in sein tiefstes Wesen von Gott durchdrungen und geleitet ist. Um das zu werden, muß er bei sich selbst einkehren in den Seelengrund, von dem so oft bei den Mystikern des Mittelalters die Rede ist.

Der Seelengrund ist bei ihnen das Allertiefste des menschlichen Geistes, nicht nur tiefer als das Sinnesvermögen, sondern auch tiefer als die Vernunft und alle Seelenkräfte. In diesem Grunde wohne Gott selbst und dort wirke er. Damit aber dieses Wohnen und Wirken Gottes im Grunde der Seele sich voll und ganz gnadenhaft auswirke, müsse der Mensch in diesen Grund eingehen. Und weiter: »... Der Mensch schlafe oder wache, er wisse es oder wisse es nicht; er hat ein gottförmiges, unendliches, ewiges Rückwärtsschauen auf Gott. Dies Gemüt, dieser Grund ist so eingepflanzt, daß die Pflanze ein ewiges Reißen und Ziehen nach sich hin hat«,[56] ein Grundneigen zurück in den Ursprung. Nur dort könne der Mensch seine wahre Ruhe finden.

Darüber, wie die Einkehr stattfindet, sagt Tauler an anderer Stelle: »Dieser Grund muß gesucht und gefunden werden. In dieses Haus muß der Mensch gehen und allen Sinnen entfallen und allem, was sinnlich ist, allem, was an Bildern und Formen mit den Sinnen zugetragen und eingetragen worden ist, allem, was die Phantasie, diese Bildnerin und ihre Sinnesvorstellungen je eintrugen in der ihnen eigenen Weise, ja auch den vernünftigen Bildern (Vorstellungen) und den Wirkungen der Vernunft (Gedanken) nach vernünftiger Weise. Wenn der Mensch in dieses Haus kommt und Gott da sieht, so wird das Haus umgekehrt, und dann sucht Gott ihn und kehrt dies Haus um und um, wie einer, der sucht ... Alle die Weisen, alle die Lichter, alles was gegeben und geoffenbart wird oder je sich zutrug, das wird in diesem Suchen allzumal umgekehrt.«[57] Es findet eine völlige Umstellung statt, derart, daß nach Taulers eigenen Worten, es nur jene verstehen, »denen dieses schon etwas vorgespielt und eingeleuchtet hat, sonst niemand«.

Alles muß, wie beim Zen, vergessen und gelassen werden, alles, was man im bisherigen Leben erworben hat, sogar im Religiösen, soweit es um Vorstellungen und Begriffe geht. Das gilt sogar von Lehrsätzen, in Bezug auf ihre For-

---

[56]) Weilner: a. a. O. S. 108.
[57]) Weilner: a. a. O. S. 172/3.

mulierung (ihre bestimmte Form); denn diese ist stets zeitgebunden und veränderlich. Jede Zeit muß sie von neuem formulieren nach dem ihr eigenen Sprachgebrauch. Wenn es bei Tauler heißt: »Alle die Weisen, alle die Lichter, alles, was gegeben und geoffenbart wird...« so berührt das natürlich die objektive Wahrheit als solche nicht; denn sie ist ewig und unveränderlich. Es verhält sich auch nach Tauler so, daß die vollkommene Bewußtseinsleere *(munenmuso)* hergestellt werden muß, damit das Neue entstehen kann.

Dies ist das mystische Sterben, ohne das es kein neues Leben gibt. Doch sollen wir uns um diesen Verlust gar keine Sorge machen. »In dieser Umkehrung wird der Mensch, wenn er sich hierin lassen könnte, unaussprechlich viel weiter geführt denn in allen Werken, Weisungen und Satzungen, die je und je erdacht und gefunden wurden. Ja, die hierin recht geraten, das werden die aller minniglichsten Menschen, und es wird ihnen so leicht, daß sie, wenn sie wollen, in jedem Augenblick einkehren und alle Natur überfliegen.«[58]

Obwohl Tauler darauf besteht, daß die Einkehr vollzogen wird, wenn die Zeit dafür gekommen ist, so wußte er doch, daß es auch dann noch schwierig ist, diese zu vollziehen. Er sagt, der Weg zur Kehre sei ein gar jäher, naher, finsterer, unbekannter, »spanischer« Weg. Der Weg, den ein solcher Mensch dann vor sich hat, ist: Wissen und Nichtwissen (zugleich). Durch diese hindurch soll der Mensch recht scharf mit einem Auge sehen wie ein Schütze, der sein Ziel genau ins Auge faßt ... In diesem gar engen Wege da stehen zwei Örtlein, durch die er mitten hindurch schlüpfen muß – das eine ist das Wissen, das andere ist das Nichtwissen. Ohne sich einem von beiden zu überlassen, soll er hin-

---

[58] Weilner: a. a. O. S. 173.

durch gehen mit einfältigem Glauben. Das andere Örtlein das ist Sicherheit und Unsicherheit; da soll man hindurchgehen mit heiliger Hoffnung. Das dritte ist Freude des Geistes und Unfreude der Natur. Da soll man mitten hindurchgehen mit rechter Gelassenheit. Dann kommt eine große Zuversicht und dann eine unrechte Furcht: Dadurch soll man gehen mit Demut.[59]

Diese logisch unauflöslichen Gegensätze sind uns vom Zen her genügend bekannt. Tauler gibt Anleitung, wie man sich diesen gegenüber verhalten soll. Er deutet auch eine Erklärung dafür an: »Kinder, auf diesen engen Weg und engen Pfade muß der Mensch achthaben. Das Nichtwissen soll man beziehen auf den inwendigen Grund. Im äußeren Menschen aber und in den Seelenkräften soll man fürwahr wissen, wie man daran ist und womit man umgeht. Denn das ist eine Schande für jeden Menschen, daß er um andere Dinge weiß und um sich selber nicht. Denn in beiden, im Wissen sowohl wie im Unwissen, kann er irregehen: Das eine kann ihn erheben (überheblich machen) und das andere ihn entsetzen.«[60]

Als Mittel, dieser Gefahr auszuweichen, gibt Tauler an: einfältigen Glauben, heilige Hoffnung, rechte Gelassenheit und Demut. Im Zen würde man, dem Satori vorausgreifend, sagen: Wissen ist Nichtwissen, Sicherheit ist Unsicherheit, Friede ist Unfriede, Zuversicht ist Furcht. Das erste Glied liegt jeweils auf der Vorderseite des Geistes und gehört der differenzierten und relativen Welt an; das zweite Glied liegt auf der Rückseite des Geistes und gehört der nicht-differenzierten und absoluten Welt an. So wenigstens scheint es zu sein, wenn man den Maßstab des gewöhnlichen, alltäglichen Denkens anlegt. Ist aber einmal der

---
[59]) Weilner: a. a. O. S. 183.
[60]) Weilner: a. a. O. S. 183/4.

Durchbruch zum Absoluten vollzogen, so lösen sich die Widersprüche auf.

Und doch darf man das Relative nicht einfach als wertlos abtun. Erst wenn beides eins geworden ist, dann ist der Mensch wirklich erleuchtet. Übrigens drängt Tauler nicht auf hohe mystische Erlebnisse, sondern nur darauf, daß der Mensch einmal den Durchbruch bis zum Seelengrund vollzieht und lernt, immer wieder in diesen Grund einzugehen. Ob dann höhere mystische Erlebnisse folgen oder nicht, bleibt Gott überlassen. Das Durchbrechen bis zum Grund dagegen ist auch, abgesehen von solchen außergewöhnlichen Erfahrungen, notwendig, damit der Mensch wirklich »heil« wird. Das also ist für jeden Menschen ohne Unterschied erwünscht und in gewissem Sinne sogar notwendig. Das weitere dagegen nicht unbedingt. Um den Durchbruch nicht zu verzögern, warnt Tauler ebenso wie die Zenmeister, davor, nicht von einem Meister zum anderen zu gehen. Denn das ist, neben anderen Gründen, oft nur eine Flucht vor dem »Gedränge«, die auf keinen Fall geschehen darf.

Auch der holländische Mystiker Jan van Ruysbroeck spricht von dem Versenkungsweg und dessen Gefahren. Er nennt drei Weisen, in denen wir uns üben sollen: »Der innige Liebhaber Gottes, der Gott in genießendem Ruhen, sich selbst in hingebender tätiger Liebe und sein ganzes Leben in Tugenden nach der Gerechtigkeit besitzt, ein solcher inniger Mensch gelangt durch diese drei Eigenschaften und durch geheime Offenbarung Gottes zu einem beschaulichen Leben.«[61]

1. Gott besitzen in genießender Ruhe: »Bisweilen vollzieht der innige Mensch einfach, gemäß der genießenden Neigung, die Einkehr in sich über aller Wirksamkeit und

---

[61]) Jan van Ruysbroeck: Werken I, S. 239, Drukerij – Uitgeverij Lannoo Tielt, 1947.

über allen Tugenden, nur durch ein einfaches In-sich-Schauen in genießender Liebe. Hier begegnet er Gott unmittelbar. Und aus der Einheit Gottes strahlt in ihm ein einfaches Licht, und dieses Licht zeigt ihm Finsternis, Nacktheit und Nichts. In der Finsternis wird er umfangen und fällt in Unweise, gleichsam in ein Verirren. In der Nacktheit verliert er Wahrnehmung und Unterscheidung aller Dinge, und er wird überformt und durchdrungen von einfachem Licht. In dem Nichts versagt ihm jede Tätigkeit, denn er wird von dem Wirken der grundlosen Liebe Gottes besiegt, und in der genießenden Neigung seines Geistes besiegt er Gott und wird ein Geist mit ihm. In diesem Vereintsein im Geist Gottes gerät er in ein genießendes Wonnegefühl und besitzt das göttliche Wesen...«[62]

Dieses Besitzen Gottes in genießender Ruhe ist ohne Zweifel eine große Gnade und als solche höchst begehrenswert, um so mehr als der Mensch darin, obwohl er sich ganz in Gott verloren hat, schneller geistig wächst, als wenn er die größten Kasteiungen und lange Gebete verrichtet. Aber hier besteht eben die Gefahr, daß ein Ruhen nur in der eigenen Natur mit dem beschriebenen Zustand verwechselt wird. Vor dieser Gefahr warnt Ruysbroeck. Denn diese Ruhe wäre Erblindung im Nichtwissen und ein müßiges In-sich-versunken-Sein. Alle können diese »Ledigkeit« finden, »so böse sie auch sein mögen, sofern sie ohne Gewissensbisse dahinleben und sich von Bildern und jeglicher Tätigkeit frei machen können«. Doch: »In dieser Ledigkeit ist die Ruhe genußreich und groß... Will man sie aber üben und erlangen ohne die Werke der Tugend, so fällt der Mensch in geistige Hoffart und in eine Selbstgefälligkeit, wovon man nur selten geneset.« Und das schlimmste ist: »Die einfältige Einfachheit, die sie besitzen, halten sie für

---

[62] van Ruysbroeck: Werken I. S. 223/4.

Gott und finden dort ihre natürliche Ruhe, und da nun meinen sie, daß sie selbst Gott seien in dem Grund ihrer Einfältigkeit.«[63]

Im Zen kennt man diese Gefahren, die sich besonders dann anmelden, wenn einfältige Menschen ein kleines Satori-Erlebnis haben und meinen, sie hätten ein geheimnisvolles Wissen erlangt, das andere nicht haben. Auch wird immer gewarnt, daß man den Zustand vollkommener Ruhe nicht mit dem Satori verwechsele. Man täusche sich nicht: Im Zen ist das Nichtwissen nicht Ziel sondern Durchgangsstadium.

2. Sich selbst besitzen in hingebender Liebe: »Bisweilen wendet sich solch ein inniger Mensch Gott verlangend und tätig zu, um Gott Ehre und Verherrlichung darzubringen und sich selber und alles, was er vollbringen kann, zu opfern und zu verzehren in der Liebe Gottes. Und da begegnet er Gott mittelbar.«[64] Bei solchen, die Gott aufrichtig lieben, ist das Verlangen nach der tätigen Liebe so groß, daß sie in große Unruhe nach den Werken geraten. Aber andererseits verlangen sie doch immer wieder nach der Ruhe in Gott: »Lebend stirbt er, und sterbend lebt er wieder auf.«[65] Nach Ruysbroeck ist die Weise der tätigen Liebe nützlicher als die erste Weise: »Denn ohne Minnewerke können wir nichts verdienen, noch Gott erlangen, noch behalten, was wir durch Minnewerke errungen haben.«

Die Gefahr bei der äußeren Tätigkeit ist, daß man ganz darin aufgeht oder daß man sie nicht aus reiner Liebe tut. Ruysbroeck sagt: »Sie leben im Widerstreit zur Liebe und zur minniglichen Einkehr, wo der Mensch sich selbst opfert mit allem, was er vollbringen kann, zur Ehre Gottes und

---

[63] v. Ruysbroeck: Werken III, S. 279.
[64] v. Ruysbroeck: Werken I, S. 223.
[65] v. Ruysbroeck: Werken I, S. 225.

aus Liebe zu ihm, und wo ihn nichts befriedigen und nichts genügen kann als ein unbegreifliches Gut, das heißt Gott.«⁶⁶ Solche Menschen führen dann ein hartes Leben und verrichten Bußwerke, aber nicht aus reiner Liebe zu Gott, sondern um anerkannt und bewundert zu werden. »Sie sind immer hoffärtig und eigensinnig nach dem Geiste.«⁶⁷

Wir haben schon gesehen, wie man die äußeren Werke vollbringen muß, damit sie die Meditation nicht hindern, sondern fördern und selbst eine Möglichkeit für das Satori werden können. Es ist jene Konzentration auf das Tun, das vollkommene Selbstlosigkeit voraussetzt.

3. Das ganze Leben in Tugenden der Gerechtigkeit besitzen: »Aus diesen beiden Weisen fließt die dritte Weise, nämlich ein inneres Leben nach der Gerechtigkeit. Nun verstehet! Gott kommt ohne Unterlaß in uns, mittelbar und unmittelbar und fordert von uns Genießen und Wirken und, daß eins vom andern nicht gehemmt, sondern stets gekräftigt werde. Deshalb besitzt der innige Mensch sein Leben in diesen beiden Weisen, nämlich im Ruhen und Wirken. Und einer jeden ist er ganz und ungeteilt; denn er ist ganz in Gott, da er genießend ruht, und er ist ganz in sich, da er tätig ist ... und minnt ... Er bleibt in Gott und geht dennoch zu allen Geschöpfen in alles umfassender Liebe, in Tugenden und Gerechtigkeit. Und das ist die höchste Stufe des innigen Lebens. Jener Gerechte kann in seiner Einkehr nicht gehemmt werden, denn er kehrt sowohl genießend wie tätig ein.«⁶⁸

Die vollkommene Harmonie zwischen Einkehr und Kontemplation einerseits und Tätigkeit nach außen andererseits ist gewiß nicht leicht zu erreichen. Aber zweifellos ist

---

⁶⁶) Werken I, 231.
⁶⁷) v. Ruysbroeck: Werken I, S. 230/1.
⁶⁸) v. Ruysbroeck: Werken II, S. 226/7.

sowohl das eine wie das andere erst dann vollendet, wenn es in voller Harmonie mit seinem Gegenstück steht. Auch im Zen gilt nur der als ein erleuchteter Mensch, der beides miteinander verbindet.

Was nun die Verirrungen, die bei der dritten Weise vorkommen können, betrifft, so sind jene Menschen gemeint, die in ihrer natürlichen Ruhe und Untätigkeit meinen, Gott gefunden zu haben und in ihrer Tätigkeit nur sich selbst suchen und, weil sie keine Gottesliebe haben, auch nicht zu Gott kommen. »Hier setzt der dritte Gegensatz ein, der der schädlichste aller ist; das ist ein Leben der Ungerechtigkeit, voll geistiger Verirrungen und aller Verkehrtheit.« [69]

Konkret werden als Verirrungen und Laster angeführt: Stolz; die Behauptung der Erhabenheit über jedes Gesetz und jede Bindung jenseits von Gut und Böse; Ungehorsam gegen jede Autorität, zumindest innerlich; zügellose Freiheit der Naturtriebe mit der Begründung, daß die kontemplative Ruhe durch den Widerstand dagegen gestört würde. Solche Verirrungen von falscher Mystik sind aus der Geschichte bekannt. Auch Ruysbroeck hatte dafür konkrete Beispiele vor Augen.

Johannes vom Kreuz spricht bei den drei Kennzeichen, die darauf deuten, daß die Zeit gekommen ist für die Einkehr (im Sinne Taulers) an dritter Stelle von einem liebenden Aufmerken auf Gott. Damit ist eine dunkle Erkenntnis Gottes gemeint; man stellt sich Gott dabei nicht in einem Bilde vor oder in einem Begriff, sondern diese dunkle Erkenntnis liegt in Richtung der Schau. Im Zen spricht man nicht von Gott und doch findet sich dort ein entsprechender Zustand, in dem nichts Bestimmtes vorgestellt wird.

In diesem Sinn scheint das *zanmai* des Zen dem vom hl. Johannes vom Kreuz beschriebenen Zustand zu entspre-

---

[69]) v. Ruysbroeck: Werken I, S. 232.

chen. Man kennt das eigene *zanmai* nicht und ist doch darin und wird davon im »Grunde« umgewandelt. Es ist kein Leerlauf. Im Zen ist überdies, wie wir wissen, das *zanmai* die Voraussetzung für das Satori, gerade so wie die von Johannes genannte Erkenntnis, die er auch als dunkle Beschauung bezeichnet. Auch bei ihm hat dieselbe die Aufgabe, die Seele zu reinigen, damit sie zur Gottesschau kommen kann. Nichtsdestoweniger kann dieser Zustand in beiden Fällen, lange, vielleicht für den Rest des Lebens, fortdauern, so daß man nie zur Erleuchtung bzw. zur mystischen Schau gelangt. Wenn man gelernt hat, ohne Schwierigkeit in diesen Zustand hineinzukommen, so soll man – nach Johannes vom Kreuz – in dieser Form gewöhnlich seine Meditation ausführen. Im Zen kann man das gleiche tun. Aber man kann auch, wenn man das lieber tut, mit einem Koan üben.

Auch von dem Selbstvergessen und dem Verlust des Zeitgefühls, das uns schon bei der Beschreibung des *zazen* begegnet ist, spricht Johannes vom Kreuz: »Der Grund dieses Phänomens ist die schon erwähnte Reinheit und Lauterkeit jener Erkenntnis (die als drittes Kennzeichen genannt wurde). Sobald sich eben diese reine und klare Erkenntnis der Seele bemächtigt, reinigt sie auch die Seele von allen Eindrücken und Bildern der Sinne und des Gedächtnisses, durch welche sich die Seele in der vorausgehenden Zeit betätigte. Sie läßt die Seele in diesem vergessen und gleichsam zeitlos. Darum dünkt der Seele ein solches Gebet, auch wenn dieses, wie gesagt, lange gedauert hat, dennoch sehr kurz und zwar deshalb, weil sie dabei vereint gewesen war in reiner Erkenntnis; diese aber ist über die Zeit erhaben.« [70] Er fügt noch hinzu, daß die Seele dennoch überzeugt sein möge, »daß dies nicht verloren und umsonst sei«.

---

[70]) Johannes vom Kreuz: »Aufstieg zum Karmel«, a. a. O. S. 141/2.

Basilius sagt zu diesem Thema: »Der Geist, der nicht im äußeren zerstreut und nicht durch die Sinne über die Welt hin ausgegossen ist, kehrt zu sich selbst zurück und steigt durch sich zur Betrachtung Gottes auf. Schimmernd und erleuchtet durch diese Schönheit erlangt er das Vergessen der eigenen Natur.« [71]

Kommen wir noch einmal auf die dunkle Beschauung von Johannes vom Kreuz zurück, die man übt oder erlebt, bevor man zur eigentlichen Beschauung kommt. Dabei denkt man natürlich nicht über etwas nach; denn die Verstandestätigkeit ist längst eingestellt. Es ist eine Beschauung ohne Licht. Nichts wird betrachtet, sondern in die Dunkelheit geschaut. Es herrscht völlige Stille, aber die Seele fühlt sich von der Dunkelheit angezogen. Es ist auch ein Licht dort, aber die Seele nimmt es nicht wahr, weil sie noch nicht genügend gereinigt ist. Andererseits hat gerade diese dunkle Beschauung eine reinigende Wirkung, und je mehr sie dunkel und leer ist, um so stärker ist ihre Wirkung. All das finden wir im *zanmai* des Zen. Als Verhaltensregel gibt Johannes an, man solle die Geduld bewahren und im Gebet ausharren, ohne sich darum zu kümmern, was man denken oder betrachten soll; es genüge ein ruhiges und liebendes Aufmerken auf Gott. Aber jedes übermäßige Verlangen, Gott wahrzunehmen und zu verkosten, müsse ausgeschlossen werden.

Im Zen wird man natürlich nicht von einem »Aufmerken auf Gott« sprechen. Aber in der Haltung selbst ist kaum ein Unterschied. Anders ausgedrückt: Ein Christ, der die Zen-Meditation macht und dabei in die tiefe Sammlung, das *zanmai* kommt, behält die habituelle Einstellung auf Gott. Insofern ist dieses *zazen* christliche Meditation

---

[71]) »Das Herzensgebet«, O. W. Barth Verlag, Weilheim Obb. 1957, S. 98.

und, je nach der Tiefe derselben, auch dunkle Beschauung.

Allgemein kann man das *zanmai* als eine dunkle Beschauung ansehen, auch wenn dabei Gott nicht ausdrücklich Gegenstand des Aufmerkens ist. Das Verhalten dabei ist im übrigen genau dasselbe wie jenes, das Johannes vom Kreuz vorschreibt: Man soll die Geduld bewahren, ohne sich darum zu kümmern, was man denken oder betrachten soll. Im Fall des Zen soll man dabei kein übermäßiges Verlangen nach der Erleuchtung haben.

Es ist übrigens nicht so, daß Johannes vom Kreuz in jedem Falle auf diesem Aufmerken auf Gott besteht. An einer anderen Stelle sagt er sogar das Gegenteil. Dabei handelt es sich freilich dann um einen sehr weit fortgeschrittenen Gebetszustand. Dort heißt es: »Wenn dies geschieht und die Seele ist sich bewußt, daß sie ins Schweigen und ›Aufhorchen‹ kommt, dann muß sie sogar jenes liebende Aufmerken vergessen, von dem ich gesprochen habe...«[72]

Auch die folgende Stelle ist in diesem Zusammenhang bedeutungsvoll: »Du wirst mir sagen: ›Aber, wenn man nach Gott verlangt, ist das nicht übernatürlich?‹ Ich antworte, daß dies nicht immer so ist, sondern nur, wenn Gott dieses Verlangen eingibt und er selbst ihm seine Kraft gibt, dann ist es etwas anderes. Wenn du dagegen von dir selbst aus verlangst, ihn zu besitzen, so ist das nichts mehr als natürlich; noch wird es jemals anders sein, es sei denn, daß es von Gott eingegeben ist.«[73]

Johannes vom Kreuz spricht auch von dem Speicher-Gedächtnis, von dem die Rede bei der Beschreibung der Zen-Meditation war. Er sagt: »Dieser Sinn, die Einbildungskraft und das Gedächtnis, ist nämlich gleichsam das

---

[72]) St. John of the Cross: »Living Flame of Love.« Image Books Edition 1962, S. 105.
[73]) A. a. O. S. 131.

Archiv und das Behältnis für den Verstand, in welchem alle Eindrücke und alle mit der Vernunft erkennbaren Bilder aufgespeichert werden.«[74]

Wir haben in diesem Kapitel bisher von dem Versenkungsweg gesprochen und gefunden, daß er zugleich Reinigung, Umwandlung und Weg zur Beschauung ist. Wir möchten dem noch einige Einzelmomente hinzufügen, die wir ebenso bei den Mystikern wie im Zen finden. Einiges wurde davon schon im Vorübergehen gesagt und möge nun noch etwas ergänzt werden.

Einheit der Seelenkräfte. Jan van Ruysbroek sagt: »Wenn die höheren Fähigkeiten, frei von zeitlichen Dingen und sinnlichen Befriedigungen, in die Einheit (ihres Wesens) erhoben sind, so tritt für Leib und Seele der Zustand einer wohltuenden Ruhe ein ...«[75] Das ist schon dem Menschen mit natürlichen Kräften möglich »Wenn der Mensch ledig und bildlos ist, was die Sinne betrifft und ohne Tätigkeit den obersten Kräften nach, so gelangt er rein natürlich zur Ruhe ...«[76] Ruysbroeck führt diese Tatsache auf das allgemeine Gesetz zurück, daß alles geschaffene Sein eine Neigung zu seinem Ursprung wie zu seiner, ihm eigenen Ruhe hat. Wir erinnern uns daran, daß Tauler im selben Sinn von dem »Grundneigen zurück in den Ursprung« spricht, das in allen Menschen ist und in Ewigkeit nicht stirbt.

Die Notwendigkeit in den Grund zu gehen, haben wir bereits als dringende Mahnung bei Tauler vernommen, ebenfalls bei Richard von St. Viktor. Hier möchten wir noch eine andere Überlegung hinzufügen. Bekanntlich wird in vielen Stellen der Hl. Schrift die Mahnung ausgesprochen, nicht nur zu beten, sondern dieses ohne Unterlaß zu

---

[74]) Aufstieg zum Karmel«, a. a. O. S. 150.
[75]) v. Ruysbroeck: Werken I, S. 80.
[76]) v. Ruysbroeck: »Zierden der geistlichen Hochzeit«, Mainz 1922.

tun. Davon spricht auch Klemens von Alexandrien. Dabei kann es sich nicht um ein Gebet handeln, das in beständig wiederholten Bitten oder Gottpreisen besteht. Denn dort sind immer wieder Unterbrechungen notwendig, besonders wenn man ein aktives Leben führt, das für einen Christen natürlich ist. Nur im Seelengrund ist ein ununterbrochenes Gebet möglich. Es ist dann eine immerwährende Gebetshaltung ähnlich dem *zanmai* im Zen, das auch während der Aktion anhalten kann.[77]

Gefahren des Versenkungsweges. Davon spricht wieder Ruysbroeck besonders eindringlich. Von gewissen Leuten, die bereits diesen Gefahren erlegen waren, sagt er: »Diese Menschen sind irregeführt in der ledigen und verblendeten Einfachheit ihres eigenen Wesens und wollen selig sein in der bloßen Natur; denn sie sind so einfältig und ledig geeint mit dem bloßen Wesen ihrer Seele und dem Innensein Gottes, daß sie weder Eifer für Gott haben noch sich zu ihm hinwenden, nicht von außen und nicht von innen. Denn auf dieser Höhe, wo sie in sich gekehrt werden, fühlen sie nichts als die Einfachheit ihres Wesens, das von Gottes Wesen abhängt.«[78]

Makyo und Erscheinungen. Was Erscheinungen von Heiligen und ähnliche Phänomene betrifft, so gibt Johannes vom Kreuz dafür dieselben Verhaltensmaßregeln, wie es die Zenmeister für das *makyo* tun: Was immer es sein mag, man soll sich nicht darauf einlassen. Das ist nicht so selbstverständlich wie es zunächst erscheinen mag. Denn die Situation ist im Christentum eine andere als im Zen. Das, was im Zustand der Versunkenheit bzw. *zanmai* ankommt (Carl Albrecht), kann aus der Ich-Sphäre oder aus einer

---

[77]) Vgl. Hausherr: »Noms du Christ et voies d'oration«. Pont. Instit. Orient. Stud. Roma, 1960, S. 144/4.
[78]) v. Ruysbroeck: Werken III, a. a. O. S. 279.

»anderen« Sphäre stammen. In christlicher Sicht würde es sich bei dem letzteren um Gott handeln, was für den Buddhismus nicht zutrifft, weil er keinen Gott als Person annimmt. Auch ein Ich nimmt er nicht an. So müßte man im Buddhismus richtiger von der Sphäre des Unter- oder Unbewußten sprechen. Es kann also keine Rede davon sein, daß Gott erscheint oder sonst etwas aus dieser anderen Sphäre. Es ist daher durchaus konsequent, wenn man im Zen alles, was ankommen kann, unbesehen ablehnt.

Die Lage ist anders, wenn man einen Gott annimmt, der Erscheinungen hervorrufen oder Worte hören lassen kann, die für den Menschen eine Bedeutung haben können und deshalb nicht einfachhin abzulehnen sind. Solches wird auch oft von heiligen Personen berichtet. Manchmal wurden Aufträge gegeben, deren Ausführung zunächst auf starken Widerstand, selbst auf seiten der kirchlichen Behörden stießen, sich danach aber doch bewährten, ein Beweis dafür, daß eine göttliche Führung im Spiele war. Vieles gab es auch und vielleicht noch mehr, das sich nicht bewährt hat.

Würde man also alles unbesehen ablehnen, so würde man sich der Gefahr aussetzen, in manchen Fällen auch einen Auftrag Gottes abzulehnen. Trotzdem ist hier Johannes genau so radikal wie es die Zenmeister sind. Er begründet das in folgender Weise: »Von allen diesen Wahrnehmungen und Visionen der Einbildungskraft und anderen Bildern und Eindrücken, welche sich in irgendeiner Form oder einer besonderen Erkenntnis darbieten, mögen sie nun unecht sein ... oder ... von Gott stammen, darf sich der Verstand nicht verwirren und einnehmen lassen ... der Grund hierfür liegt darin, daß alle die genannten Formen ... bei ihrer Wahrnehmung sich stets in irgend einer beschränkten Art und Weise offenbaren. Die göttliche Weisheit dagegen, mit der sich der Verstand vermählen soll, kennt keine Art und Weise und ist erhaben über jede

Schranke einer bestimmten Einzelerkenntnis; denn sie ist durchaus lauter und einfach.«[79] Diese Begründung paßt auch auf das Zen, insofern die Erleuchtung ein Erlebnis des Absoluten ist, das über jeder Form und allen Begriffen steht.

Einstellung der Verstandestätigkeit erscheint uns widersinnig beim *zazen*. Johannes vom Kreuz sagt: »... Je mehr (die Seele) das, was sie versteht, kostet und ausklügelt, für etwas hält, und je mehr sie das hochschätzt, sei dies nun geistiger Art oder nicht, desto mehr entfernt sie sich vom höchsten Gut und desto langsamer kommt sie vorwärts auf dem Weg zu ihm.«[80] Daß man sich um die Reinigung der Sinne bemüht, d. h. seine Sinne durch eine gewisse Einschränkung in ihrem Gebrauch allmählich unter Leitung des Geistes bringen soll, so daß sie nicht Anlaß zur Sünde werden, sondern ganz im Dienste Gottes stehen, ist bisher wenigstens – neuerdings scheint das Verständnis für diese Selbstverständlichkeit erschüttert zu werden – in der christlichen Spiritualität als richtig angesehen worden. Als aber Johannes vom Kreuz von der Einstellung der Verstandestätigkeit sprach, stieß er auf Widerspruch von offizieller Seite her. Doch wurde er später gerechtfertigt. Im Zen hat man immer diese Einstellung der Verstandestätigkeit in der Meditation verlangt und ist deswegen auch oft mißverstanden worden.

Trotz der radikalen Ablehnung von allem, was nicht Gott und zwar Gott in seinem Wesen ist, sagt Johannes vom Kreuz, daß die natürlichen Regungen des Begehrens die Seele wenig oder gar nicht an der Vereinigung hindern, wenn man ihnen nicht zustimmt; da sie dann nicht über die ersten Anfänge hinausgehen.[81] Dasselbe haben wir vom

---

[79]) Joh. vom Kreuz: »Aufstieg zum Karmel«, a. a. O. S. 152.
[80]) »Aufstieg zum Karmel«, a. a. O. S. 85.

zazen gesagt, als wir vom *shikantaza* sprachen. Man soll sich weder darauf einlassen noch sich darüber betrüben, wenn es nicht gleich gelingt, sie zu vertreiben. Dann sind sie kein Hindernis für das Satori.

Man darf aber an nichts geistig gebunden sein, mag es auch noch so geringfügig sein. Es ist gleich, ob »ein Vogel an einem dünnen oder an einem dicken Faden gebunden ist. Wenn der Faden auch dünn ist, der Vogel bleibt doch daran gebunden, gerade so gut, als wäre es ein dicker, solange er ihn nicht zerreißt und davon fliegt.« [82] Auch beim *zazen* darf man sich auf nichts einlassen. Oft tut man es freilich, ohne es zunächst zu bemerken. Aber dann soll man davon ablassen, sobald man es bemerkt. Dann schadet es nichts.

Ruysbroeck sagt dazu: »All die täglichen Unvollkommenheiten sind in der minniglichen Einkehr wie ein Wassertropfen in einem glühenden Ofen.« [83]

Ein bedeutender Vertreter der Ostkirche, Nilus, sagt von der Betätigung des Verstandes bzw. deren Einstellung: »Auch wenn der Geist über das rein körperhafte Schauen hinaussteigt, hat er deswegen den vollkommenen Ort Gottes noch nicht erreicht. Er kann sehr wohl ein nur rationales Wissen besitzen und darin herumkreisen.« Und weiter: »Wer die Leidenschaftslosigkeit erlangt hat, betet darum noch nicht in Wahrheit; er kann sich mit subtilen Gedanken abgeben und sich darin zersplittern und weit weg sein von Gott.« Und weiter: »Nicht dadurch, daß der Geist nicht lange im Spekulieren über die Dinge verweilt, kann er den Ort des Gebetes erreichen. Er kann sich nämlich in der Seinsschau der Dinge aufhalten und sich im Nachdenken darüber verlieren. Wenn auch die Worte schwach sind, so

---

[81]) Vgl. a. a. O. S. 52.
[82]) A. a. O. S. 155.
[83]) Werken I, S. 228.

stehen sie doch als Zeichen für die Dinge und formen den Geist – und trennen den Geist von Gott ... Glückselig der Geist, der zur Zeit des Gebetes völlig leer ist von Bildern.« [84] Bei Diadochus heißt es: »Alles Denken geht durch eine gewisse sinnenhafte Imagination ins Herz ein; dann erst leuchtet ihm das selige Licht der Gottheit, wenn es sich von allen Dingen zurückgezogen hat und überhaupt nicht mehr bildhaft ist; denn der Glanz des Gotteslichtes offenbart sich dem reinen Geiste durch die *Abwesenheit aller Gedanken.*« [85]

---

[84]) »Herzensgebet«, a. a. O. S. 100.
[85]) »Herzensgebet«, S. 89/90.

DIE WESENSSCHAU

Wir wollen nun die höchste Erfahrung im Zen, die Erleuchtung, mit den Erfahrungen der christlichen Mystiker vergleichen.

Im Aufstieg der Schau – nach Richard von St. Viktor – entspricht wohl die vierte Stufe am besten dem Satori im Zen; d. h.: Alle von den Sinnen und mit Hilfe der Sinne vollzogene geistige Tätigkeit ist ausgeschaltet. »In dieser Schau erst bedient sich der menschliche Geist der reinen Einsicht und nach Ausschaltung allen Dienstes durch die Vorstellung scheint unsere Einsicht erst in dieser Tätigkeit sich selbst durch sich selbst zu erkennen. Denn wenn sie auch den früheren Stufen des Schauens nicht zu fehlen scheint, niemals ist sie darin außer durch Vermittlung der Vernunft oder sogar der Vorstellung. Dort bedient sie sich gleichsam eines Werkzeugs...«[86]

Dies stimmt überein mit dem, was wir früher über die Wesensschau gesagt haben. Man wird an die großen Satori-Erlebnisse im Zen erinnert, wenn man das folgende liest: »Nachdem die Widerstände sinnlicher Vorstellungen nach allen Seiten überwunden sind, wird der Geist mit der Schwungkraft höchsten Forschens emporgehoben und schwebt in Staunen über dieser Höhe.«[87] Und weiter: »So sicherlich wird aus der Erkenntnis der sichtbaren Dinge und aus der Betrachtung ihrer Eitelkeit und Wandelbarkeit der Geist gezwungen, alles, was weniger bewundernswert ist,

---

[86]) Ben. Maj. I, 6.
[87]) Ben. Maj. III, 2.

zu bannen und gleichsam vor der gewaltig einbrechenden Sündflut in die Höhe wahrer Freiheit zu flüchten und, wenn er der Gefahr ganz entronnen ist, alles Niedere verachtend zu überwinden und in den höchsten und wahren Gütern sehnsüchtig zu ruhen. Wahrhaftig und sicherlich und ohne allen Zweifel wird die Vergänglichkeit des Irdischen um so sorgsamer betrachtet, je besser und deutlicher erkannt wird, daß sie in Furcht zu fliehen und in Versuchung zu überwinden ist. Obwohl es darin Unzähliges gibt, das man in seiner göttlichen Anordnung bewundern muß, so ist doch dasselbe ob seiner Vergänglichkeit zu verachten und um unseres Vorteils willen zu fliehen.« [88]

Sehen wir nun, wie Tauler sich diesen Durchbruch dachte. Er wußte wohl, daß der Weg bis dahin schwierig, ein »klein phedelin«, ist. Und nach Veranlagung der Menschen ist es nicht nur unterschiedlich wann, sondern auch wie sich bei ihnen der Durchbruch vollzieht. So sagt er: »Hier wird die Tür aufgetan, etlichen mit einem Zuge, etlichen mit Gelassenheit.« [89] »Es gibt eine abrupt einfallende und eine continuierlich aufsteigende Weise des Gotteserlebnisses. Dazu die vielen Zwischenformen.« [90] In Bezug auf Zen haben wir an anderer Stelle über die Verschiedenheiten je nach Veranlagung gesprochen.[91]

Neben anderen Umständen hängt es auch von der Veranlagung des einzelnen ab, ob er die Erleuchtung früher oder später erlangt. Aber es bleibt noch die Frage: Wie tritt dieses Erlebnis ein? Für das Satori im Zen ist zweifellos die Plötzlichkeit typisch. Die Zenmeister wollen keine Stufung

---

[88]) Ben. Maj. III, 2.
[89]) Johannes Tauler: »Gedenkschrift zum 600. Todestag«, Hans Driever Verlag, Essen, 1961. S. 303.
[90]) Bernhard Dietsche O.P.: »Joh. Tauler, Gedenkschrift«, a.a.O. S. 303.
[91]) »Zen-Buddhismus«, a.a.O. S. 63/4.

dieses Geschehens annehmen – nur in den Auswirkungen des Satori, wie das in den zehn Bildern des »Bauern mit dem Rind« einzigartig dargestellt ist. Was das Satori selbst betrifft, so gilt: Entweder ist es Satori oder es ist kein Satori, ein halbes oder viertel Satori gibt es nicht. Hier scheint wohl eine Verschiedenheit vom Durchbruch bei Tauler zu bestehen. Trotzdem ist die Sache nicht ganz klar. Deshalb möchten wir etwas näher darauf eingehen.

Da die menschliche Natur überall dieselbe ist, sollte man erwarten, daß auch im Zen ein allmählicher Durchbruch zum Satori möglich ist. Geschichtlich gesprochen, hören wir von der Plötzlichkeit der Erleuchtung zum ersten Mal im 5. Jahrhundert – noch bevor Bodhidharma von Indien nach China kam – durch den chinesischen Mönch Tao-sheng. Seine Lehre galt damals als neu und wurde von anderen Mönchen abgelehnt, setzte sich aber schließlich durch. Man könnte natürlich hier die Frage stellen: Ist denn überhaupt Tao-sheng als Vertreter des Zen zu betrachten, wenn der erst nach ihm kommende Bodhidharma, wie immer angenommen wird, der Gründer des Zen war? Dazu kommt noch, daß sich bisher keine Zusammenhänge zwischen Tao-sheng und Bodhidharma haben nachweisen lassen. Uns interessiert diese geschichtliche Frage hier nicht und wir möchten nicht darauf eingehen.[92] Von Bedeutung für uns ist aber die Tatsache, daß die Plötzlichkeit der Erleuchtung im Buddhismus nicht immer als selbstverständlich betrachtet worden ist.

Nun ist freilich bei dem Vergleich mit Tauler und gewiß auch mit anderen christlichen Mystikern, noch zu beachten, daß sie immer eine Hilfe Gottes bei dem echten mystischen Geschehen voraussetzen, was für das Satori im Zen nicht

---

[92] Näheres siehe: Dumoulin: »Zen-Geschichte und Gestalt«, Franke, Bern 1959. S. 66 ff.

ohne weiteres zutrifft. Es wäre daher denkbar, daß die Veranlagung mancher Menschen für ein Satori auf rein natürlicher Grundlage nicht geeignet ist, doch die Möglichkeit offen bleibt für ein solches Erlebnis mit Hilfe Gottes. Dieses Geschehen würde sich dann allmählich vollziehen und nicht plötzlich, wie bei denen, die in dieser Hinsicht günstiger veranlagt sind. Es gibt freilich Autoren, die für gewisse Typen von Menschen die Möglichkeit einer mystischen Erfahrung bedingungslos ausschließen.[93]

Die ganze Frage, die wir schon bei der Wesensschau im ersten Teil berührten, hat aber nicht nur ein theoretisches Interesse, sondern auch ein praktisches. Aus diesem Grunde möchten wir noch eine weitere Bemerkung machen. Es gibt tatsächlich Menschen, die sich mit höchstem Einsatz um die Erleuchtung bemühen und sie doch niemals erlangen. Wenn es nun keine Erleuchtung bzw. keinen Durchbruch gibt, die sich auch allmählich vollziehen, so heißt dies, daß manche Menschen niemals dahin kommen können, wohin andere zu gelangen die Möglichkeit haben, selbst wenn die ersteren das Vielfache von dem einsetzen, das andere tun müssen, die günstiger veranlagt sind. Gibt es dagegen auch einen langsamen Übergang, so ist es möglich, daß ein solcher Mensch genau so weit kommt wie ein anderer, der eine plötzliche Erleuchtung erlangt hat. Letztlich kommt es ja nicht auf das Erlebnis der Erleuchtung als solcher an, sondern darauf, daß der Mensch zu jenem neuen Leben kommt, das mit dem mystischen Tode beginnt, von dem wir gesprochen haben. Mit anderen Worten: Auch jene Menschen können zu der Vollkommenheit gelangen, für die die plötzliche Erleuchtung das Sprungbrett ist oder sein sollte. Daß im *zazen* keine Anstrengung umsonst ist, steht ohnehin fest.

---

[93]) Augustin Baker in Paul Renaudin: »Quatre Mystiques anglais«, Paris 1945.

Abgesehen davon, ob diese Frage so oder so zu beantworten ist, hat Tauler für jene, die, ihrer Veranlagung nach, benachteiligt sind, ein tröstliches Wort, das zugleich eine positive Entscheidung einzuschließen scheint. Es steht in der Predigt über den 38jährigen Lahmen am Teich Betzata, der niemanden fand, der ihn zur Heilung in den Teich trug, sobald der Engel des Herrn hinabstieg und das Wasser in Wallung brachte. Dazu sagt Tauler: »Nun läßt unser Herr aus großer Treue die Leute zuweilen für krank liegen, und sie sind doch ganz gesund und wissen es nicht und halten sich ihr ganzes Leben für krank; denn unser Herr weiß von ihnen, daß, wüßten sie nur um ihre gänzliche Genesung und Gesundung, sie sich mit Wohlgefälligkeit zu sich selber kehrten. Darum läßt er sie aus großer Treue all ihre Tage in Unwissenheit leben, in Furcht, Bedrängnis und Demut, und es steht doch stets so um sie, daß sie nur ungern etwas gegen Gott tun wollen in einem jeden Ding, das ihnen begegnen oder sie treffen könnte. Wenn nun der herrliche Tag kommt, daß sie der liebe Gott mit sich heimführen will, die Zeit ihres Todes, dann macht er sie diese Unwissenheit und diese Dunkelheit vergessen. Er verfährt mit ihnen so väterlich, tröstet sie und läßt sie oft vor ihrem Tode das empfinden, was sie ewiglich genießen sollen, und so sterben sie denn in großer Sicherheit. Die ihm dann in dieser Finsternis Treue gehalten haben, die führt er ohne jeglichen Aufenthalt in seine unaussprechliche ewige Freude ein: sie werden in der Gottheit begraben; es sind selige Tote; sie sind in Gott gestorben.«[94]

Vielleicht läßt sich das auch auf jene anwenden, die mit großem Eifer und aufrichtiger Gesinnung, mögen sie nun Buddhisten sein oder Christen, die Zen-Meditation üben und, ohne es selbst zu wissen, ganz rein geworden sind.

---

[94] Hofmann: a. a. O. S. 57/8.

Aber weil sie das Erlebnis des Satori nicht hatten, meinen sie immer, es fehle ihnen noch etwas. Manche Zenmeister drängen zwar auf das Satori, weil sie fürchten, daß ihre Schüler den Mut verlieren und das *zazen* aufgeben, wenn es sich zu lange hinauszieht. Andererseits wünschen sie aber auch wieder nicht, daß die Übenden das Satori zu schnell bekommen, weil dann die Gefahr besteht, daß sie nach Erlangung desselben im Eifer nachlassen oder das *zazen* ganz aufgeben in der Meinung, nun hätten sie alles erreicht, was erreicht werden soll – ein großer Irrtum und Schaden.

Zur Interpretation des Zen und insbesondere der Erleuchtung scheint uns folgende Stelle bei Jan van Ruysbroeck von Bedeutung: »Du mußt wissen, daß der Geist seinem wesentlichen Sein nach Christus bei seiner Ankunft in der bloßen Natur empfängt, unmittelbar und unausgesetzt. Denn das Sein und das Leben, das wir in Gott sind, in unserem ewigen Bilde, und das wir in uns haben, unserem wesentlichen Sein nach, das ist ohne Vermittlung und ohne Trennung (ewig mit Gott verbunden) ... Und deshalb besitzt der Geist wesentlich Gott in der bloßen Natur, und Gott besitzt den Geist; denn dieser lebt in Gott und Gott in ihm, und seinem höchsten Teile nach ist der Geist fähig, unmittelbar die Klarheit Gottes und alles, was sie wirken kann, zu empfangen ...« Aber aus dieser Gegebenheit folgt keineswegs, daß jeder Mensch mit der Geburt schon ein Heiliger sei: »Das macht uns weder heilig noch selig, denn das haben alle Menschen in sich, gute und böse. Wohl aber ist dieses die Ursache für Heiligkeit und Seligkeit.« [95]

Zum Verständnis dieser Stelle ist zu bedenken, daß die bloße Natur bei Ruysbroek immer die Natur des Menschen bedeutet, gleich ob sie durch die Gnade erhöht ist oder nicht, also auch jeden Nicht-Christen einschließt. Insofern

---

[95]) van Ruysbroeck: Werken I, S. 202–204.

trifft er sich mit der Auffassung des Zen, wo stets nur von der Natur in diesem Sinne, die Rede ist. Es würde in diesem Falle bedeuten, daß jeder von Natur aus die Anlage für die Erleuchtung hat. Im Buddhismus würde man das nicht mit Christus in Verbindung bringen, sondern sagen, daß jeder Mensch die Buddha-Natur hat.

Von der mystischen Erfahrung selbst sagt Ruysbroeck unter anderem: »Durch die Berührung der Seele, die Geburt des Sohnes, der ewigen Weisheit, wird im Intellekt ein blendendes Licht geboren und die Vernunft mit einer einzigartigen Klarheit erhellt und erleuchtet. Dieses Licht ist die Weisheit Gottes... und die Vernunft erhält diese Klarheit und Erleuchtung jedes Mal, wenn sie sich erhebt und durch die Glut ihres Verlangens in die Einheit eindringt.« [96] Ähnlich wird durch das *zazen* und besonders durch das Satori die Einsicht im Sinn der intuitiven Erkenntniskraft mehr und mehr entwickelt, vor allem, wenn die Erleuchtung öfters erneuert wird.

Auch Johannes vom Kreuz spricht von göttlichen Berührungen, die eine nachhaltige Wirkung haben: »... so ist doch eine einzige dieser Berührungen und Erinnerungen Gottes für die Seele wertvoller als noch so viele Kenntnisse und Erwägungen über die Geschöpfe und die Werke Gottes.« [97] Man soll sie daher zwar nicht suchen aber auch nicht ablehnen. »Ich möchte also nicht sagen, sie solle sich auch gegen diese Erkenntnisse ablehnend verhalten wie gegen die übrigen Wahrnehmungen; sind sie doch ein Teil jener Vereinigung, zu der wir die Seele führen möchten. Nein, wir geben ihr nur den Rat, sie solle sich alles anderen entäußern und entledigen.« [98]

---

[96]) Werken I, S. 179–180.
[97]) »Aufstieg zum Karmel«, a. a. O. S. 234.
[98]) A. a. O. 234.

Es gibt im Zen ähnliche Erfahrungen, die auch eine sehr nachhaltige Wirkung haben, obwohl sie noch nicht die Erleuchtung sind. Sie sind daher nicht als *makyo* anzusehen, sondern positiv zu bewerten; trotzdem darf man auch dort nicht stehen bleiben.

Andererseits gilt von diesen Erfahrungen in gewissem Sinn, was Johannes vom Kreuz von Visionen und Empfindungen sagt, die von Gott stammen: »Die körperliche Vision oder das Empfinden in einem der übrigen Sinnesorgane sowie auch jede anderweitige Mitteilung, mag sie auch eine ganz innerliche sein, wenn sie nur von Gott stammt, bringt schon in dem gleichen Augenblick, wo sie auftritt oder wahrgenommen wird ihre erste Wirkung im Geiste hervor, ohne auch nur der Seele zu der Überlegung Zeit zu lassen, ob sie dieselbe will oder nicht.« [99] Anders ausgedrückt: Was Gott geben will, ist bereits unverlierbarer Besitz der Seele, bevor sie es ablehnen kann.

Wir wollen nun noch einige Einzelfragen, die bezüglich des Satori gestellt werden können und auch oft gestellt werden, vom Standpunkt der christlichen Mystik her besser zu beleuchten suchen.

Wesensschau und natürliche Kräfte des Menschen. Darüber können wir bei Jan van Ruysbroeck (1294–1381) mehr als bei irgend einem anderen christlichen Mystiker erfahren, weil er der einzige ist, der sich mit der Frage auseinandergesetzt hat, ob und wieweit mystische Erfahrungen auch ohne besondere Hilfe Gottes möglich sind, während alle anderen diese Hilfe stets stillschweigend voraussetzten. Der Anlaß dafür, daß Ruysbroeck zu dieser Frage Stellung nahm, war jedoch keine theoretische Überlegung sondern ein seelsorgliches Anliegen.

---

[99]) »Dunkle Nacht, P. Al. ab Im. Conceptione«, Kösel-Pustet, München 1931, S. 118.

Es gab nämlich zu seiner Zeit Menschen, die zwar hohe mystische Erfahrungen hatten, aber durch ihre Einstellung zum gelebten Christentum bewiesen, daß ihnen etwas Wesentliches vom Christentum fehlte, vor allem die Übung der christlichen Nächstenliebe. Wir sind schon in unseren Ausführungen auf diese Leute gestoßen, möchten aber hier diese Frage behandeln mit Rücksicht auf das Zen, in dem man weder über Gott noch über göttliche Gnadenhilfe spricht, sondern nur von der menschlichen Natur. Ruysbroeck kannte das Zen nicht und auch nicht den Buddhismus, jedenfalls nicht näher, und hat daher bei seiner Erklärung nicht die Erfahrungen des Zen im Auge. Aber was er sagt, ist trotzdem für die Beurteilung desselben vom christlichen Standpunkt aus bis zu einem gewissen Grade gültig.

Ruysbroeck erkennt die Erfahrungen der genannten Leute als echt an und sucht sie in keiner Weise zu verkleinern. Er greift nur ihren schlechten Lebenswandel an und warnt daher vor ihrer Nachahmung. Es war eine andere Zeit als die heutige. Während heute viel mehr die Gefahr besteht, daß die Menschen ganz im Äußeren aufgehen, war es damals umgekehrt. Was das Zen und den Buddhismus im allgemeinen, sowie andere östliche Religionen betrifft, so hat man ihnen auch den Vorwurf gemacht, daß sie im Sinn der Fürsorge und Sozialpolitik, zu wenig getan haben für das gesellschaftliche Leben. Ob und wieweit dieser Vorwurf berechtigt war oder noch ist, soll hier nicht untersucht werden.

Hören wir nun Ruysbroeck selbst: »Der Gipfel des natürlichen Weges ist das Wesen der Seele, die Gott anhängt und unbeweglich bleibt. Dieses Wesen ist höher als die oberen Himmel, tiefer als der Grund des Meeres und größer als die ganze Welt mit allen Elementen; denn die geistige Natur ist über jede körperliche erhaben. Dort ist ein natürliches Reich Gottes und hat alle Tätigkeit der Seele ein

Ende. Denn keine Kreatur kann auf das Wesen der Seele (unmittelbar) einwirken; allein Gott ist dazu imstande, er, das Wesen der Wesen, das Leben der Leben, Ursprung und Erhalter jeglicher Kreatur. Das ist der Weg des natürlichen Lichtes, auf dem man mit den natürlichen Tugenden und der Ledigkeit des Geistes voranschreitet. Darum nennt man ihn natürlich; denn man geht dort ohne Antrieb des Heiligen Geistes und ohne die übernatürlichen Gnaden Gottes voran, aber man wird nur selten dieses hohe Ziel ohne die Gnade Gottes erreichen.« [100]

Diese Darstellung ist ganz positiv und zeigt, daß es auch auf dem »Wege des natürlichen Lichtes« echte mystische Erfahrungen geben kann. Es wird aber doch gleichzeitig die Vermutung ausgesprochen, daß bei solchen hohen Erfahrungen in den meisten Fällen die Gnade mitwirkt. Ob sich der Betreffende dessen auch bewußt wird, ist eine andere Frage.

Was hier gesagt wird, gilt ohne Zweifel auch von der Erleuchtung im Zen, wenn man es auch in buddhistischer Sicht nicht mit denselben Worten sagen würde. Wir ersehen daraus auch, daß man ganz frei von sinnlichen Vorstellungen und Gedanken (Tätigkeit der obersten Kräfte) sein muß: *munenmuso*. Dann fallen sozusagen alle Etiketten ab, und die Leere des Bewußtseins, die Innen-Schau oder bildlose Schau, von der aus erst die hohen mystischen Erfahrungen möglich sind, ist erstellt.

Des weiteren ergibt sich aus dem Gesagten, zumal wenn andere bereits angeführte Stellen Ruysbroecks hinzugenommen werden, daß trotzdem noch ein Irregehen möglich ist, dann nämlich, wenn man beim Selbst stehen bleibt und vielleicht sogar meint, daß man mit Gott vereinigt sei. Von solchen sagt Ruysbroeck: »Diese Menschen sind irregeführt

---

[100]) Werken I, S. 15.

in der ledigen und verblendeten Einfachheit ihres eigenen Wesens und wollen selig sein in der bloßen Natur...« Sie fühlen nur die Einfachheit ihres eigenen Wesens, das von der göttlichen Wesenheit abhängt und finden die natürliche Ruhe. Sie glauben mit Gott eins zu sein, aber über die Ruhe des eigenen Wesens, die sie besitzen, fühlen sie weder Gott noch eine Verschiedenheit.« [101]

Auch im Zen gibt es eine Ruhe, die sehr angenehm ist, wo man aber, wie die Zenmeister immer wieder mahnen, nicht stehen bleiben darf, wenn man die Wesensschau erlangen will. Es gibt aber auch ein Ruhen, das in Gott ist und nicht im Selbst. Diese Ruhe ist gut, da sie Ruhe am Ziel ist. Die beiden Zustände können ganz ähnlich sein, so daß schwer zu entscheiden ist, ob es die eine oder andere Art ist. Man muß dann sehen, wie sie sich auswirkt. Als sicheres Merkmal gilt die Auswirkung in den Werken der Nächstenliebe. Wenn diese Wirkung nicht da ist, so ist es nicht die Ruhe in Gott. Denn diese treibt von sich aus immer zur Liebe gegen den Nächsten, wie das nicht nur Ruysbroeck, sondern auch Tauler und andere immer wieder betonen.

Bedeutung der Gnadenhilfe. Wie hoch auch Ruysbroeck die Erfahrungen, die mit dem natürlichen Licht erlangt werden können, einschätzt, ergibt sich aus seiner Betonung der Gnadenhilfe, die notwendig sei, damit der Mensch dorthin kommt, wo sich Gott in seinem ganzen Reichtum schenkt: »Denn die Gnade Gottes ist der Weg, den wir immer gehen müssen, sollen wir zur bloßen Wesenheit gelangen, wo sich Gott unmittelbar in all seinem Reichtum schenkt.« [102] Und weiter: »Jeder Mensch, der nicht von Gott gezogen, noch erleuchtet ist, der ist nicht von der Liebe berührt... Deshalb kann er sich nicht mit Gott vereini-

---

[101] Werken III, S. 279.
[102] Werken I, 207.

gen.« [103] Es wäre aber doch nicht richtig, aus dieser Behauptung zu schließen, daß jeder, der nicht formell im christlichen Sinne gottesgläubig ist, niemals dahin kommen könne, wo »sich Gott unmittelbar in seinem ganzen Reichtum schenkt«. Denn, wie gesagt, es kann auch ein Nicht-Christ, wenn er nur aufrichtig ist, von Gott gezogen und mehr erleuchtet werden, als es durch die Natur allein möglich ist.

Nach Ruysbroeck ist das nicht nur möglich, sondern die mystischen Erfahrungen, die mit dem natürlichen Licht der Vernunft erlangt werden, können zur besten Vorbereitung für die nur durch die Gnade möglichen Mitteilungen werden. Die Verirrungen, die bei denselben vorkommen können und auch, wie Ruysbroeck nur zu gut wußte, vorgekommen sind, mindern nicht den Wert jener Erfahrungen, sondern gehen auf Kosten der menschlichen Schwäche. Er sagt: »Wenn sie aber durch die göttliche Gnade weiter zu allen Tugenden in die Liebe getrieben würden und dann hingerissen in die Tugend und Aufwallung der Liebe, um mit Hilfe genießender Minne bis in die Überwesenheit Gottes fortgetragen zu werden, so daß sie dieselbe verkosteten nach ihrer göttlichen Weise, dann würden sie in der Übung aller Tugenden wie Christus und die Heiligen leben.« [104]

Diese Auffassung Ruysbroecks dürfen wir mit Recht auf die östlicher Meditationswege und die durch sie erlangten hohen Erfahrungen anwenden, die wir im Yoga und Zen finden. Selbstverständlich können auch bei diesen die oben erwähnten Entgleisungen vorkommen, und kommen bisweilen auch vor, aber auch da spricht diese Tatsache nicht gegen die Hochwertigkeit der Erfahrungen selbst. Vielmehr sind auch sie, ihrer Natur nach, offen für eine weitere Entwicklung im Sinn der christlichen Mystik. Anders aus-

---

[103] Werken I, S. 228.
[104] Werken I, S. 62.

gedrückt: Sie können zu den höchsten Gotteserfahrungen führen, möge dabei die Persönlichkeit Gottes als solche empfunden werden oder nicht.

Die mystische Vereinigung. Ruysbroeck sagt von der mystischen Vereinigung, daß nur wenige sie erlangen. Wer sie aber erlangen möchte, der müsse »aus der ganzen Fülle seines Seins für Gott leben, um der Gnade und den göttlichen Einsprechungen zu entsprechen und in allen Tugenden und Übungen des inneren Lebens gelehrig zu sein.«[105] Also ist der volle Einsatz erforderlich.

Es gibt auch Anzeichen dafür, daß man sich diesem Zustand nähert: Man findet keinen Trost mehr in den guten Werken, die man verrichtet und fühlt sich sogar von Gott verlassen. Alle geschöpflichen Dinge erfüllen einen eher mit Bitterkeit als mit Freude. Und doch ist man aufs peinlichste bemüht, in allem den Willen Gottes zu finden und zu erfüllen. Es ist ein ganz ähnlicher Zustand wie der, von dem Tauler in der Krise berichtet. Aber davon sagt nun Ruysbroeck: Wenn man dann trotzdem »die reine Meinung im Willen aufrecht erhält und einen freien und ruhigen Geist bewahrt, dann ist man reif, die unmittelbare Vereinigung mit Gott zu erfahren«.[106]

Ruysbroeck mahnt, daß man während dieser Zeit alle Tugenden und guten Werke mit großem Eifer fortsetze, obwohl man gar keine Befriedigung darin findet. Sie besäßen nie so großen Wert als gerade in dieser Verlassenheit. Das bedeutet dann die vollkommene Finsternis, die auch dem Satori unmittelbar vorausgeht. Aber auch dann ist man nicht sicher, daß man das Ziel erreicht. Denn wenn man wenigstens dessen gewiß wäre, so hätte man daran eine Stütze und die Verlassenheit wäre nicht vollkommen.

---

[105]) Werken I, S. 282.
[106]) Werken I, S. 284.

Man findet dann nirgends mehr einen Halt, weder bei den Menschen noch bei Gott. Das »Gedränge« wird schier unerträglich.

Was soll ein Mensch nun in dieser Lage tun? Als Antwort auf diese Frage gibt Ruysbroeck drei Dinge an. »Das erste ist, daß er von außen in allen Tugenden wohl geordnet sei und innen unbehindert und frei in aller äußeren Tätigkeit, grade als ob er überhaupt nicht tätig wäre.« Denn sonst »trägt er ein Bild von dem, mit welchem er beschäftigt ist, in sich, und solange das nicht in ihm verschwunden ist, kann er nicht schauen.« Alle Bilder müssen verschwunden sein aus seinem Grunde. Vollkommene Leere und Bereitschaft muß sein wie vor dem Satori. Es ist zu beachten, daß Ruysbroeck nicht sagt, man müsse freisein *von* aller äußeren Tätigkeit.

»Zweitens muß er von innen Gott anhangen mit liebebrennender Meinung und Minne, recht wie ein entzündetes, glühendes, unauslöschliches Feuer. Solange er sich in diesem Zustand fühlt, kann er schauen.« Es ist eben der volle und lückenlose Einsatz, der immer wieder durch die Meditation erneuert und gereinigt werden muß.

»Drittens muß er sich selbst in einer Unweise und in einer Finsternis verloren haben, worin alle Gottesschauenden sich verirrt haben ... In dem Abgrund dieser Finsternis ... beginnt die Offenbarung Gottes und das ewige Leben ... Seht, diese verborgene Klarheit ... dieses Licht ist so groß, daß der liebende Gottschauer in seinem Grunde, wo er ruht, nichts wahrnimmt noch fühlt als ein unbegreifliches Licht...«[107]

Dieser Finsternis und zugleich diesem unbegreiflichen Licht begegneten wir auch in der Zen-Erfahrung. Der zweite und besonders der dritte Teil dieser Verhaltensmaßre-

---

[107] Werken I, S. 241/2.

gel ist die Grundstimmung dieser Anweisung doch auch jene, die zur Erlangung der Wesensschau erforderlich ist. Wer diese Gesinnung hat, sei er Christ oder Buddhist, kann am Ende nicht enttäuscht sein, sondern wird früher oder später sich reichlich für seine Mühe belohnt finden.

Das *Einheitserlebnis*. Dasselbe finden wir sowohl im Zen wie in der christlichen Mystik. Ruysbroeck hat sich auch darüber klar geäußert. Er unterscheidet zunächst vier Arten, sich der Verbundenheit mit Gott bewußt zu werden. Die erste besteht darin, daß wir Gott in uns fühlen durch seine Gnade; die zweite betrifft den schauenden Menschen, der fühlt, daß er in Gott lebt; die dritte Art besteht darin, daß wir uns mit Gott eins fühlen; die vierte tritt auf, wenn der Mensch sich aus dem Einssein mit Gott zurückzieht und besteht darin, daß er sich nun außerhalb Gottes fühlt, aber ein unersättliches Verlangen nach ihm hat.

Die dritte Art und deren Übergang in die vierte ist für unsere Untersuchung besonders zu beachten. Sowohl der Zen-Erleuchtete wie der christliche Mystiker hat das Erlebnis vollkommener Einheit. Aber während der erstere es als die Einheit mit dem absoluten Sein oder dem All empfindet, weiß der Christ doch, daß er immer Mensch bleibt und trotz der tiefsten Vereinigung mit Gott nicht Gott wird.

Ruysbroeck beschreibt das Erlebnis in folgender Weise: »Denn durch die Überformung Gottes fühlen wir uns verschlungen von dem grundlosen Abgrund unserer ewigen Seligkeit, wo wir zwischen uns und Gott nimmer mehr einen Unterschied finden können. Und darum: Wenn wir erhoben und gezogen werden in unser höchstes Gefühl sind alle unsere Kräfte ledig in einer wesentlichen Freude, ohne jedoch vernichtet zu werden ... und solange wir mit geneigtem Geiste und offenen Augen ledig bleiben, solange können wir schauen und genießen.«

»Aber in demselben Augenblick, wo wir prüfen und feststellen wollen, was es ist, das wir empfinden, da fallen wir zurück ins schlußfolgernde Denken. Dann nehmen wir zwischen uns und Gott Unterschied und Verschiedenheit wahr. Und dann scheint uns Gott außerhalb von uns in Unbegreiflichkeiten. Und das ist die vierte Art, in der wir Gott und uns fühlen. Denn hier finden wir die Gegenwärtigkeit Gottes uns gegenüberstehend.« [108] Aber es ist doch eine Änderung eingetreten gegen vorher, insofern als das Verlangen nach der Vereinigung mit Gott nun viel stärker ist als es war, bevor dieses Erlebnis der Vereinigung stattgefunden hatte.

Zusammenfassend können wir sagen, daß in beiden Fällen ein vollkommenes Einheitserlebnis vorhanden ist und in diesem Sinne kein Unterschied zwischen der Wesensschau und dem Erlebnis der Mystiker besteht. Wie es aber nachher verstanden und beschrieben wird, hängt von der jeweiligen Weltanschauung des Erfahrenden ab.

Beziehung zur ethischen Vollendung. Meister Eckhardt sagt über die praktische Wirkung der geistlichen Armut in der schon erwähnten »Predigt über die Armut«: »Wer nun einen wahrhaften Menschen, der aus dem eigenen Grunde wirkt, fragte: ›Warum wirkst du deine Werke‹, sollte er recht antworten, er spräche nicht anderes als: ›Ich wirke darum, daß ich wirke.‹« [109] Eine solche Antwort könnte manchen nichtssagend erscheinen, aber im Zen wäre sie durchaus verständlich. Sie erinnert an das im Zen viel geübte *mondo* (Frage und Antwort). Bei Eckhart bedeutet diese Antwort, daß es für den »wahrhaften Menschen« kein Warum gibt. Dieses Ohne-Warum findet seine Antwort unter anderem im »Weg des Bogenschießens« *(kyudo),* das – wie die Teezeremonie – den Geist des Zen atmet; denn

---

[108] Werken III, S. 30/1.
[109] A. Dempf: »Meister Eckhart«, Freiburg 1960. S. 154.

dort wird nicht gezielt und trotzdem – oder gerade deswegen – getroffen: ins Absolute.

Die Auffassung Eckharts vom Vollkommenen Menschen erinnert an das Zen auch dort, wo er sagt, daß der Seelengrund eins sei mit dem Gottesgrund. Eckhart folgert daraus, daß auch das Wirken eines solchen Menschen das Wirken Gottes ist. Im Zen entspricht dem die Auffassung vom Einswerden mit dem Absoluten, wovon bereits die Rede war. Das Zen geht freilich weiter als Eckhart insofern, als er ein Selbst von vornherein nicht annimmt. Auch die Ursache der Umwandlung des Menschen ist bei Eckhart eine andere wie in der Auffassung des Zen-Buddhismus. Sie geschieht durch die Gnade Christi und nach dem Vorbild Christi, dem Logos, der das einzig vollkommene Abbild des Vaters ist. Man wird hier erinnert an Gal. 2, 20: »Nicht mehr ich lebe, sondern Christus lebt in mir«, ein Wort, das übrigens nicht selten in Verbindung mit dem Zen zitiert wird.

Man darf daher diese beiden Auffassungen nicht einfach gleichsetzen. Der weltanschauliche Hintergrund ist ein anderer. Auch im Zustandekommen der Umwandlung liegt ein großer Unterschied. Denn während das Zen bei dieser Umwandlung das Wirken aus eigener Kraft quasi als einzige Ursache betrachtet, betont gerade Eckhart die Wirkung der Gnade Christi außergewöhnlich stark gegenüber der »Werkheiligkeit«, die zu seiner Zeit bisweilen einseitig betont wurde. Die Auswirkung aber dieser Umwandlung ist bei beiden zum verwechseln ähnlich, insofern nämlich, als der vollkommene Mensch wie von selbst das Rechte und Gute tut: Er braucht nicht zu überlegen und sich dann zu entscheiden. Es geschieht von selbst und hemmungslos, ohne daß das Warum als Brücke notwendig wäre. Im Zen, wie allgemein in den kosmischen Religionen, schwingt der Geist mit in der Harmonie des Kosmos, dem der Mensch schon immer zugehörig ist aber sich bisher noch nicht eingefügt hat. Wenn daher dieses Hindernis beseitigt ist, so ist es selbstverständlich, daß der Mensch in die Harmonie des Kosmos eintritt. Die christliche Entsprechung ist bestens in dem oben zitierten Wort des hl. Paulus zum Ausdruck gebracht. Das Ich des Menschen ist gewissermaßen verschwunden, so daß Christus, d. h. Gott selbst alles ohne Widerstand des Menschen so selbstverständlich und sicher leitet, als ob niemand anders als er im Menschen wirkt. Daher kann Eckhart überspitzt sagen: »Mein Wirken ist Gottes Wirken und Gottes Wirken ist mein Wirken.« Versteht man in diesem Zusammenhang Christus als den kosmischen Christus, so kommen sich die beiden Auffassungen auch in ihren Grundlagen erheblich näher.

Auch Tauler betont, daß der neue Mensch ganz in sich geeint ist. Um das recht zu verstehen muß man bedenken, daß Tauler den Menschen einteilt in den sinnlichen Menschen, den vernünftigen Menschen und in das Gemüt, welches der oberste Teil, nämlich der rein geistige oder der Seelengrund ist. »Dieser Grund – man muß nur fleißig darauf achten –, der leuchtet in die Kräfte unter sich und neigt und reißt beide, die obersten und die niedersten, zu ihrem Beginn (Ursprung), wenn es der Mensch nur wahrnähme und bei sich selber bliebe und hörig wäre der minniglichen Stimme, die in der Wüste, in diesem Grunde ruft und alles immer besser in ihn hineinlenkt«, um es im Sinne Gottes von innen her zu ordnen.[110]

So werden die drei Menschen erst recht ein Mensch, wie auch das *zazen*, besonders das Satori den Menschen vollkommen eint. Das aber wirkt sich so aus, daß in diesen Menschen »die Tugend so leicht und lichtvoll wird, als sei sie ihr Wesen und ihre Natur geworden.«[111] Doch es wirkt sich

---

[110] Weiler; a. a. O. S. 220.

nicht nur nach innen, sondern auch nach außen aus, auf das tägliche Leben und die Berufstätigkeit, ähnlich wie im Zen. Tauler sagt: »Dann weiß der Mensch augenblicklich, was er tun, worum er bitten oder worüber er predigen soll.«[112]

Wir haben gesehen, daß sich die Zen-Meditation – und ganz besonders, nachdem die Wesensschau stattgefunden hat – allmählich dahin auswirkt, daß der Mensch alles vom Grunde her tut; d. h. nicht mehr mittelbar auf dem sonst normalen Wege über die getrennte Tätigkeit von Gedächtnis, Verstand und Wille. Dasselbe fanden wir bei Eckhart und Tauler. Auch Johannes vom Kreuz wußte das und gibt überdies eine einleuchtende Erklärung dafür, die wir hier kurz beifügen möchten.

Der Anlaß für diese Erklärung war die Notwendigkeit sich gegen einen Vorwurf verteidigen zu müssen, den man ihm gemacht hatte, weil er die Entleerung des Gedächtnisses als Vorbereitung für die mystische Erfahrung verlangt hatte. Das, so sagte man, bedeute »die Zerstörung des natürlichen Gebrauches und regelmäßigen Weges der Seelenkräfte« und der Mensch werde dadurch »armselig wie ein Tier, weil ohne Bewußtsein.« Er sei dann »nicht einmal imstande vernünftig zu denken... Gott aber zerstört doch die Natur nicht, sondern vervollkommnet sie viel mehr«.[113] Johannes vom Kreuz sagt hierzu, daß sich solche Wirkungen vorübergehend in etwa zeigen könnten: »Letzteres tritt besonders dann ein, wenn die Vollkommenheit in den Zustand oder in das Wesen der Vereinigung übergeht.«

Tauler hat uns beschrieben welch ein großer Umschwung dazu notwendig ist: »... dann sucht Gott ihn und kehrt dieses Haus um und um, wie einer der sucht...«. Es ist

---

[111]) Weiler; a. a. O. S. 225.
[112]) A. a. O. S. 225.
[113]) »Aufstieg zum Karmel«, a. a. O. S. 275.

nicht zu verwundern, daß der Mensch daher eine Zeitlang in Verlegenheit kommt und von seinen Mitmenschen mißverstanden wird und deswegen deren Umgang nach Möglichkeit meidet, bis die Umwandlung vollzogen ist. Um im Bilde Taulers zu bleiben: Man lehnt ja auch nach Möglichkeit die Besucher ab, wenn man sein materielles Haus *von Grund auf* neu gestalten will.

Nach dieser Periode aber sind die Handlungen dieses Menschen viel vollkommener als zuvor. Johannes vom Kreuz zitiert in diesem Zusammenhange das Wort des hl. Paulus: »Wer dem Herrn anhängt, ist ein Geist mit ihm.« [114] »Demnach sind stets die ursprünglichen Regungen der Kräfte solcher Seelen göttlicher Natur, und das ist durchaus nicht zu verwundern, da ja die Seelenkräfte in Gott umgestaltet sind.« [115]

Man muß sich aber darüber klar sein, daß es eine hohe Vollkommenheit voraussetzt, bis zu diesem Grade mit Gott vereinigt zu sein und wohl nur wenige Menschen bis dorthin kommen. Johannes vom Kreuz sagt nun weiter: »Ich muß in der Tat zugeben, daß in erster Linie Gott die Seele in diesen übernatürlichen Zustand erheben muß. Doch muß auch die Seele, so viel sie kann, dazu beitragen, um sich vorzubereiten. Und das kann auf ganz natürlichem Wege geschehen, zumal wenn Gott auch noch mit seiner Gnade unser Bemühen unterstützt.« [116]

Johannes gibt noch eine konkrete Anweisung für diese Vorbereitung: Man solle sich bemühen, alle Sinneseindrücke sofort zu vergessen, damit sich kein Bild von ihnen dem Gedächtnis einprägt. »Kein Bild der Erinnerung bleibe im Gedächtnis haften, so, als hätten diese Dinge nie existiert.

---

[114]) 1. Kor. 6,17.
[115]) A. a. O. S. 277.
[116]) A. a. O. S. 279.

Man lasse das Gedächtnis völlig frei und unbehindert und suche es ja nicht zu irgend welcher Betrachtung sinnlicher noch irdischer Dinge zu veranlassen ...« [117]

Da wir im Zen bei vollkommener Auswertung der Meditation und Erleuchtung – zunächts psychologisch gesprochen – dasselbe beobachten, nämlich, daß die Überlegungen und Handlungen anstatt auf dem Wege der getrennten Betätigung der Seelenkräfte vom Grunde her und unmittelbar vollzogen werden, müssen wir wohl einen ähnlichen Vorgang voraussetzen wie den von Johannes vom Kreuz beschriebenen. Was immer dabei Werk der Gnade und was der Natur, können wir dahingestellt sein lassen. Sicher ist, daß die Zenmeister immer wieder denselben Rat geben wie Johannes vom Kreuz, nämlich an nichts haften zu bleiben.

Trotz aller Strenge finden wir bei Johannes eine Verhaltensregel, die anscheinend eine Ausnahme darstellt. Nämlich da, wo er von »göttlichen Berührungen« spricht. Dieselben finden meistens völlig unerwartet statt und sind bisweilen so fein, daß man sie kaum bemerkt. Davon heißt es: »... so ist doch eine einzige dieser Berührungen und Erinnerungen Gottes für die Seele wertvoller als noch so viele Erkenntnisse und Erwägungen über die Geschöpfe und die Werke Gottes.« [118]

Man soll sie daher zwar nicht suchen, aber auch nicht abweisen. »Ich möchte also nicht sagen, sie soll sich auch gegen diese Erkenntnis ablehnend verhalten wie gegen die übrigen Wahrnehmungen; sind sie doch ein Teil jener Vereinigung, zu der wir die Seelen führen möchten. Nein, wir geben ihr nur den Rat, sie solle sich alles anderen entäußern und entledigen.« [119] Auch im Zen gibt es unerwartete ähn-

---

[117]) A.a.O. S. 280.
[118]) A.a.O. S. 249.
[119]) A.a.O. S. 234.

liche Erfahrungen, die noch nicht das Satori sind, aber doch auch eine nachhaltige, oft mehrere Tage andauernde Wirkung haben. Diese werden auch im Zen positiv bewertet und nicht als *makyo* angesehen. Trotzdem darf man auch da nicht stehen bleiben.

Es wurde schon wiederholt hingewiesen, daß weder echte Mystik noch richtig verstandenes Zen sich dahin auswirken dürfen, daß man seine Mitmenschen ignoriert. Dazu noch ein Wort von Tauler: »Und es ist eine Frage unter den Menschen, ob, wenn der Mensch sich willentlich den Dingen zuwendet, die verfließen, der Geist mit verfließe. Und sie sagen gemeiniglich: ›Ja‹. Aber ein großer edler Meister (wahrscheinlich Eckhart) sprach: ›Wenn der Mensch sich mit seinem ganzen Gemüte und mit seinem ganzen Willen und seinem Geist in Gott wende, so wird alles wiedergebracht in dem Augenblick, da es verloren ward‹.« [120] Für Tauler war das Eingehen in den Grund und das Ausgehen zu den Menschen ein beständiger Wechsel ohne irgendeinen Widerspruch. Im Zen könnte man dasselbe ausdrücken mit den Worten: Ruhe und Bewegung sind ein und dasselbe.

Nachdem wir das Zen in sich betrachtet und mit der christlichen Meditation und Mystik verglichen haben, wollen wir nun den Versuch machen, das Ergebnis unserer Untersuchung in einem schematischen Überblick darzustellen.

Es versteht sich, daß eine solche Darstellung nur ein Versuch sein kann und verbesserungsbedürftig bleibt. Wir halten uns dabei an die Ordnung wie sie bisher mehr oder weniger in der christlichen Aszese und Mystik üblich war.

---

[120] Weilner; a. a. O. S. 171.

IM CHRISTLICHEN BEREICH	IM ZEN
Aszese	
Negativ: Streben nach Beherrschung der Triebe und Fähigkeiten durch Losschälung.	Negativ: Vollkommene Losschälung (*gedatsu*).
Positiv: Stärkung und Vollendung der Tugenden.	Positiv: dasselbe.
Vorbild Christi stark betont als spezifisch für den Christen.	Kein vollkommenes Gegenstück, sondern natürliche Tugend.
Eigenes Bemühen, stets mit Einschluß der Gnadenhilfe.	Eigenes Bemühen, theoretisch.
Meditation	
Wenigstens anfänglich mit Objekt, besonders Christus und das Evangelium.	Von Anfang an ohne Objekt, wohl aber mit Mitteln wie Atem-Konzentration.
Mystik	
Christliche Mystik ist Erfahrung.	Ebenso die Zen-Mystik.
Glaubenserfahrung der durch die Offenbarung erkannten Wahrheit; besonders Gotteserfahrung.	Seinserfahrung, auch Glaubenserfahrung, in der die Alleinheit erfahren werden soll.
	Besondere Erfahrung des Absoluten nicht als Person.
Wesentliches Phänomen: eingegossene Beschauung.	Satori: in der menschlichen Natur begründet.
Ursache	
Gnade mit Einschluß der dispositiven Mitwirkung; also wesentlich passiv.	Prinzipiell: eigene, natürliche Kräfte; trotzdem werden oft Bodhisattvas angerufen; auch passiv im Sinne

IM CHRISTLICHEN BEREICH	IM ZEN
	einer »erworbenen Passivität«.
Durch eigene Kraft allein nicht möglich.	Grundsätzlich möglich durch eigene Kraft.

Vorstufen

der Mystik	des Satori
Zurücktreten der Verstandestätigkeit.	Von Anfang an keine Verstandestätigkeit.
Affektives Gebet: Gespräch mit Gott.	Kein affektives Gebet, noch Dialog.
Vereinfachung der Affekte zu einem einzigen Affekt, anhaltend und auf Gott gerichtet.	Vollkommene Bewußtseinsleere *(munenmuso)*.

Wirkungen

Erworbene Beschauung.	Entspricht *zanmai*.
1. Losschälung von irdischen Dingen.	1. Radikale aber unbewußte Reinigung von aller Anhänglichkeit an irdischen Dingen; nicht differenziert.
2. Hohe Vorstellung von Gottes Vollkommenheit, weil geschmeckt, nicht nur gedacht.	2. Erhöhung der Konzentrationskraft und intuitiven Erkenntniskraft. Nicht differenziert.
3. Gott in allen Geschöpfen sehen und lieben.	3. Offenheit, Verständnis, Barmherzigkeit gegenüber allen Wesen.
4. Tiefe Freude und Begeisterung.	4. Friede und Ruhe, aber nicht tatlose Passivität.

Gefahren und Täuschungen

1. Besorgnis von Zeitverlust, weil man nichts tut.	1. Dasselbe im Zen.

IM CHRISTLICHEN BEREICH	IM ZEN
2. Wenn man die gewöhnliche, gegenständliche Betrachtung aufgibt, entsteht Verlust eines wichtigen Mittels zur Vollkommenheit: der Betrachtung der Sünde, der Tugend, des Beispiels Christi, wodurch man lernen soll, allmählich die menschliche Art des Denkens aufzugeben und nach Gottes Art zu denken.	2. Im Zen ist von Anfang an kein Gegenstand vorhanden, aber man findet, daß trotzdem die Neigung zum Bösen vermindert und die Tugend gefestigt wird. Man sieht keine Gefahr, vorausgesetzt, daß man sich auf keine aufsteigenden Gedanken oder Bilder einläßt.

Eingegossene Beschauung	*Wesensschau (Satori)*
1. Einfacher liebender Blick auf Gott, wobei die Seele, gefangen durch Bewunderung und Liebe, Gott erfahrungsgemäß erkennt und in tiefen Frieden als Vorgeschmack der ewigen Seligkeit verkostet.	1. Abgesehen vom persönlichen Gott viel Ähnlichkeit: erfahrungsmäßige Erkenntnis, Intuition, Vorgeschmack des ewigen Glücks *(nirvana)*, einfacher Blick, nicht differenziert.
2. Verschieden von der erworbenen Beschauung.	2. Hier wesentlich anders als das *zanmai*.
3. Passiv, gegeben.	3. Desgleichen als gegeben empfunden.
4. Nicht Ergebnis diskursiven Denkens.	4. Ebenso.
5. Erlebnis vollkommener Einheit.	5. Ebenso.
6. Rein geistige Tätigkeit.	6. Ebenso.

Psychologische Erklärung	
Geschieht im Seelengrund oder in der Seelenspitze.	Ebenso, aber Bezeichnung verschieden: tiefstes oder kosmisches Bewußtsein.

IM CHRISTLICHEN BEREICH	IM ZEN
Dogmatische Erklärung	
Geht über den Glauben hinaus.	Ebenso.
Durch die Gaben des Hl. Geistes.	Trifft hier nicht zu. Buddhistisch gesprochen: durch Karma (innerlich).

Kennzeichen für die Echtheit

1. Nicht verstandesmäßig oder diskursiv.	1. Ebenso.
2. Kein Geschmack an sinnenhaften Genüssen.	2. Trifft nicht zu. Im Gegenteil: erhöhtes Freudengefühl. Man empfindet gewissermaßen mit dem ganzen Sein und nicht nur mit dem einzelnen Sinn z. B. mit dem Auge.
3. Verlangen, immer das Vollkommenere zu tun.	3. Ebenso.
4. Zur Sicherheit Urteil des Seelenführers einholen.	4. Prüfung durch Zenmeister ist Vorschrift; dieser aber stützt sich weniger auf äußere Kennzeichen als auf die eigene Satori-Erfahrung.

Grade

Unvollkommene Beschauung	*»Unvollkommenes« Satori* Satori gibt es nicht; die Entsprechung fällt unter *zanmai*.
1. Stufe: Gebet der Sammlung. Seelenkräfte kehren sich nach innen. Weniger Zer-	1. Stufe: *Zanmai* in fortgeschrittenem Grad. Ebenso.

IM CHRISTLICHEN BEREICH	IM ZEN
streuungen, aber nicht ekstatisch.	
2. Stufe: Gebet der Ruhe. Ruhe, Friede, Freude, nicht ekstatisch. Anfangs kurz, später länger.	2. Stufe: *Zanmai* in höherem Grad. Ebenso.
3. Stufe: Trunkenheit der Liebe.	3. Stufe: Keine Entsprechung, wohl aber für mystische Berührungen.
Vollkommene Beschauung	*Satori*
1. Stufe: Mystische Vereinigung.	1. Stufe: Entspricht in etwa der kleinen Wesensschau (*shokensho*).
a. Vollkommene Aufhebung bzw. Vereinigung der Seelenkräfte.	a. Ebenso in der Wesensschau, incl. kleine Wesensschau.
b. Umwandlung in Gott.	b. Umwandlung (*jobutsu*), d. h. Buddha-Werden.
c. Verkehr der Seele mit Gott nach Art der reinen Geister.	c. Auch hier rein geistige Tätigkeit.
d. Kurze Dauer, aber Wirkung anhaltend.	d. Ebenso.
e. Verlust des Ichbewußtseins.	e. Ebenso.
2. Stufe: Ekstatische Vereinigung, d. h. Tätigkeit der äußeren Sinne ist aufgehoben.	2. Stufe: Satori, normalerweise nicht mit Ekstase in diesem Sinne verbunden und nicht höher gewertet, falls mit Ekstase.
3. Stufe: Vollendete Vereinigung, auch Vermählung genannt.	3. Stufe: Große Wesensschau: *daikensho*. Bezeichnungen wie Vermählung sind im Zen in diesem Sinn nicht bekannt.
a. Klare Schau der Drei-	a. Klare Schau, aber nicht

| IM CHRISTLICHEN BEREICH | IM ZEN |

faltigkeit.
b. Kurze Dauer, aber es bleibt das Nahefühlen der göttlichen Personen.
c. Nachher keine Behinderung im praktischen Leben.

differenziert.
b. Auch kurz, aber Wirkung bleibt, indifferenziert.
c. Ebenso.
Eine Abstufung wie in der christlichen Mystik ist im Zen nicht gebräuchlich.

Wirkungen der vollendeten Vereinigung

1. Tiefer, bleibender Friede.
2. Verlangen nach Leiden.

1. Ebenso.
2. Trifft nicht zu; wohl Kraft, das Leiden zu ertragen.

3. Demut, Bewußtbleiben der eigenen Sünden.
4. Feuriges und reines Verlangen nach der Ehre Gottes und dem Seelenheil des Mitmenschen.
5. Unaussprechliche Freude.

3. Demut, Dankbarkeit und Bewußtsein, daß man weiter üben muß.
4. Starkes Verlangen, anderen zu helfen, die Erleuchtung zu erhalten.
5. Ebenso.

Prüfungen

bis zur vollkommenen Beschauung
1. Geistliche Trockenheit.
2. Dämonische Versuchungen bes. gegen den Glauben und die anderen göttlichen und sittlichen Tugenden.

bis zur großen Wesensschau
1. Ebenso.
2. *Makyo* und besonders die Versuchung, das *zazen* aufzugeben, da man den Mut und das Vertrauen verliert, die Erleuchtung zu gewinnen. Dagegen wächst der Glaube mit dem *zazen* und es verschwinden die Zweifel.

3. Zweifel an der Echtheit der empfangenen Gnade
3. Zweifel, ob nicht alles wertlos und nutzlos ist; von

IM CHRISTLICHEN BEREICH	IM ZEN
beim Rückblick.	empfangenen Gnaden spricht man nicht im Zen.
4. Mystisches Fegfeuer, wie z. B. die Nächte von Johannes vom Kreuz.	4. Die vollkommene Reinigung ist notwendig und kann sehr schmerzlich sein, mit einem Fegfeuer vergleichbar.

Berufung

zur Beschauung	zur Erleuchtung
1. Gottes Absichten: die Gnade der Beschauung wird verliehen, damit der Mensch selbst vollkommen werden, größere Werke tun oder Leiden ertragen kann.	1. Auch die Erleuchtung soll vor allem ein Mittel zur Vollkommenheit des Menschen sein, die sich auch auf die Dienste am Mitmenschen auswirkt.
2. Die Beschauung ist nicht zur Seligkeit notwendig.	2. Erleuchtung ist notwendig für die endgültige Befreiung und Erlösung.
3. Ob jeder Mensch zur Beschauung berufen ist, ist eine Streitfrage.	3. Da die Erleuchtung notwendig ist, ist jeder dazu berufen, entweder in dieser Existenz oder in einer späteren.
4. Tatsächlich erlangen nur wenige die Beschauung.	4. Die Zahl derer, die die Erleuchtung erlangen, scheint relativ größer zu sein.
5. Kennzeichen der Berufung:	5. Kennzeichen nicht erforderlich.
a. Man kann nicht mehr betrachten in der gewöhnlichen Weise.	a. Jeder darf und soll sich um die Meditation ohne Objekt bemühen.
b. Man hat das Verlangen, immer das Vollkommenere zu tun.	b. Dasselbe Verlangen muß beim Bemühen um die Erleuchtung zum *zazen* hinzukommen.

IM CHRISTLICHEN BEREICH	IM ZEN
Verlangen nach der Beschauung	*der Erleuchtung*
In Demut und reiner Absicht statthaft.	Jeder Zen-Buddhist sollte nach der Erleuchtung verlangen, aber wenn das Verlangen aus Stolz geschieht oder ungeordnet ist, wird es zum Hindernis.
Es gibt einen innerlichen Drang, dem man nicht anders entsprechen kann; diesem soll man folgen in reiner Absicht.	Das gilt auch für die Erleuchtung, aber die Gesinnung im Streben muß immer rein bleiben.
Außerordentliches in mystischen Erfahrungen	*im Erlangen von Kräften*
Visionen und dergleichen soll man nicht zu erlangen begehren. Falls sie dennoch gegeben werden, muß man innerlich frei bleiben.	Dieselbe Regel gilt für Zen.

DIE WOLKE DES NICHTWISSENS

Wir haben bei den christlichen Mystikern viele Übereinstimmungen mit dem Vorgang der Zen-Meditation, sowohl vor wie nach Erlangung der Erleuchtung, und in der Erleuchtung selbst gefunden. Alle Mystiker bestehen auf der völligen Loslösung von den sinnlichen Wahrnehmungen, den Phantasiebildern und selbst vom diskursiven Denken, wenn man zur mystischen Erfahrung kommen will. Sie haben uns auch viele Hinweise bezüglich Gefahren und Prüfungen und anderes mehr auf diesem Wege hinterlassen. Vor allem helfen sie uns, das Zen vom christlichen Standpunkt her zu deuten und es gewissermaßen in die christliche Spiritualität einzuordnen. Das einzige, was wir vielleicht vermißt haben, ist eine systematische Anleitung zum mystischen Gebet, eine geschlossene Methode, die zur mystischen Erfahrung führt oder wenigstens führen will und kann, vorausgesetzt, daß man sie mit Einschluß der Gnade konsequent anwendet, ähnlich wie die Zen-Methode, zur Wesensschau führen will. Der Grund liegt wohl darin, daß nach christlicher Lehre der Glaube an die geoffenbarte Wahrheit genügt, während die mystische Erfahrung als außergewöhnliche Gnade angesehen wurde.

Diese Lücke füllt die »Wolke des Nichtwissens« aus, über die in diesem Kapitel die Rede sein soll. Diese Schrift stammt aus dem 14. Jahrhundert. Der Name ihres Verfassers – wahrscheinlich ein englischer Kartäuser – ist jedoch nicht bekannt. Daß die Schrift aus England stammt, ist sicher. Desgleichen steht fest, daß der Verfasser noch andere Schriften hinterlassen hat, die uns ebenfalls erhalten geblieben sind.

Diese Schrift ist als Einführung in das Gebet weithin bekannt geworden. Sie steht noch ganz in der negativen Theologie und lehrt in dieser Beziehung im wesentlichen dasselbe wie die anderen mittelalterlichen Mystiker, hat aber gleichzeitig schon viel von der sogenannten *devotio moderna,* deren bedeutendster Vertreter Thomas von Kempen ist. Verglichen mit den Schriften der Viktorianer hat diese Schrift einen ruhigen, »objektiveren« Ton. Andererseits ist sie, was das Negative betrifft, vielleicht noch schärfer als die Mystiker des Hochmittelalters. Manche Stellen gleichen genau der im Zen gebräuchlichen Ausdrucksweise.

Mit dem Titel: »Wolke des Nichtwissens« ist die Sphäre des Nichtwissens gemeint, die sich zwischen Gott und dem Menschen befindet; d. h., die der Mensch durchschreiten muß, um zu Gott zu kommen. Der Zweck der Schrift ist das, was wir suchten: eine Anleitung zur Beschauung oder zum mystischen Gebet. Der Verfasser ist sich jedoch bewußt, daß eine Anleitung solcher Art dem Leser, je nach seiner seelischen Verfassung, mehr schaden als nützen kann. In leichtsinniger und der Demut ermangelnder Gesinnung diesen schwierigen Weg gehen zu wollen, wäre Anmaßung und Zeitverlust. Wer das versucht, könnte gerade im Augenblick, wo er sich dem Höchsten schon ganz nahe fühlt, in einen Abgrund stürzen, der tiefer ist als sein Ausgangspunkt.

Das Ziel, das hier angestrebt wird, ist zweifellos das erhabenste und beglückendste, das sich je ein Mensch gesetzt hat. Aber es gibt für diesen Aufstieg nun einmal keinen leichten Weg, der bis zum Ziel führt. Solange der Weg leicht ist, führt er immer wieder von neuem um den Berg herum und kommt dem Gipfel nicht näher. Der Verfasser sagt daher gleich im Anfang der Schrift, daß dieselbe nur von solchen gelesen werden soll, die für diesen Weg entsprechend disponiert sind.

Jene dagegen, die diese Voraussetzung nicht erfüllen, sollen das Buch weder lesen, noch soll es ihnen vorgelesen werden. Um mit den Worten des Verfassers zu reden: Es soll nur der es lesen, »der sich mit lauterem Willen und eifrigem Streben entschlossen hat, ein vollkommener Jünger Christi zu sein, nicht nur im aktiven Leben, sondern auch auf dem erhabenen Gipfel des kontemplativen Lebens, wozu eine Seele, in diesem gegenwärtigen Leben durch Gnade zu gelangen imstande ist, solange sie noch in diesem sterblichen Leibe weilt; und der dazu tut, was in ihm ist und schon lange dazu vorher getan hat, um zu einem kontemplativen Leben fähig zu sein und es auf dem Wege über ein tugendhaftes, aktives Leben zu erreichen. Denn sonst wird es ihm nichts nützen.« [121]

Der Verfasser mochte wohl von den Irrungen mancher gehört haben, denen das Streben nach dem Höchsten aus Mangel an Vorbereitung und besonders auch aus Mangel an Demut zum Verhängnis geworden war. Alle Zeiten der Menschheitsgeschichte, die von einem starken Zug zur Mystik gezeichnet waren, wissen von solchen bedauerlichen Fällen zu erzählen. Das Mittelalter bildet dabei gewiß keine Ausnahme. Wenn Mystik in Schwärmerei ausartet, hört sie auf echte Mystik zu sein und wird zur Gefahr für jene, die sich mitreißen lassen. Die erste Voraussetzung ist ohne Zweifel, daß man sich bemüht, ein »tugendhaftes Leben« zu führen, und zwar nicht nur mittelmäßig, sondern so vollkommen wie möglich, wie das auch für den Weg zur Erleuchtung verlangt wird. Christlich gesprochen, heißt dies, daß man sich »mit lauterem Willen und eifrigem Streben entschlossen« hat, »ein vollkommener Jünger Christi zu sein«.

---

[121] »Die Wolke des Nichtwissens«, Johannes Verlag, Einsiedeln 1958. S. 17.

Merkwürdig mag den christlichen Leser anmuten, was im 5. Kapitel unter der Überschrift steht: »Daß alle Kreaturen, die je waren, jetzt sind und je sein werden, sowie alle Werke dieser Kreaturen unter der Wolke des Vergessens verhüllt sein sollen, wenn dieses Werk getan wird.« Nämlich: »... bei diesem Werk hat man wenig oder gar keinen Nutzen davon, wenn man an Gottes Güte und Erhabenheit, an Unsere Liebe Frau oder an die Engel und Heiligen im Himmel denkt, nicht einmal an die Freuden im Himmelreich; ... als wolltest du durch diese Betrachtung deinen Vorsatz, dieses Werk zu tun, unterstützen und verstärken ... denn obwohl es gut ist, über die Güte Gottes nachzudenken und ihn darob zu lieben und zu preisen, so ist es doch viel besser, an sein nacktes Sein zu denken und ihn um seiner selbst willen zu lieben und zu preisen.« [122]

Die gewöhnliche, gegenständliche Meditation wird also trotz ihres hochwertigen Inhalts in dieser Methode, völlig abgelehnt, so wie es auch beim *zazen*, und zwar von Anfang an, geschieht. Es heißt dann aber, es sei viel besser, an das »nackte Sein Gottes« zu denken und ihn um seiner selbst willen zu lieben und zu preisen.« Auch das darf nicht in der Weise geschehen, daß man über Gott als Objekt nachdenkt, wie man es sonst in der Betrachtung tut. Denn das wäre schon nicht mehr nur das nackte Sein Gottes, das absolut einfach und un-vor-stellbar ist. Wie das des näheren zu verstehen ist, wird im folgenden noch klarer werden. Jedenfalls geht es in diesem Werk darum, zum Wesen Gottes zu kommen, das nur in einer gnadenvollen Intuition, nicht aber im diskursiven Denken berührbar ist.

Würde ein Zenmeister einem Christen, der am *zazen* teilnimmt, sagen, daß er nicht an Gott denken solle, wenn er die Erleuchtung haben will, so würde man das vielleicht

---

[122] A.a.O. S. 30.

als Blasphemie auffassen; und doch ist der Grund des Verbotes in beiden Fällen schließlich derselbe. Auch ein Zenmeister, wenigstens wenn er weitherzig ist, wird den Gottesglauben eines Christen nicht als etwas schlechtes verwerfen. Er ist in den meisten Fällen auch selbst nicht Atheist. Trotzdem verbietet er das Nachdenken über Gott; d. h. die Betrachtung Gottes, wie man sie gewöhnlich macht, weil diese Art der geistigen Tätigkeit auf der Ebene des gegenständlichen Denkens liegt, auf der die Erleuchtung nicht möglich ist. Ein Zenmeister sagte einmal zu seinem christlichen Schüler: »Wenn du die Erleuchtung erlangt hast, wird sich deine Vorstellung von Gott vielleicht ändern.« Er sagte nicht, daß der Schüler dann seinen Glauben an Gott aufgeben würde oder sollte, sondern nur, daß die Erleuchtung auch für seine Gotteserkenntnis einen Gewinn bedeuten würde.

Auch die folgende Stelle ist bezeichnend. Sie steht im 7. Kapitel, das die Überschrift trägt: »Wie ein Mensch sich bei diesem Werke verhalten soll im Kampf gegen alle Gedanken und namentlich gegen alle jene, die von seiner eigenen Wißbegier und seinem natürlichen Verstand herrühren.« Dort heißt es: »Wenn aber dein Begehren danach strebt, dieses Streben in ein Wort einzuschließen, damit du es besser fassen kannst, nimm ein kurzes Wort, mit einer einzigen Silbe; das ist besser als eines mit zwei Silben. Denn je kürzer es ist, desto besser stimmt es mit dem Werke des Geistes überein. So ein Wort ist das Wort Gott oder das Wort Lob. Wähle, welches du willst oder auch ein anderes, wenn es dich freut – kurzum, welches einsilbige Wort dir am besten gefällt. Kette dieses Wort an dein Herz, so daß es nie von dir weg kann, was immer geschehe. Dieses Wort soll dein Schild sein und dein Speer... Mit diesem Wort sollst du in die Wolke und in die Dunkelheit über dir stoßen. Mit Hilfe dieses Wortes sollst du alle Arten von Gedanken so sehr unter die Wolke des Vergessens hinabschleudern, daß du einem Gedanken, der sich herandrängt und dich fragt, was du willst, mit keinem Wort als mit diesem antwortest...«[123]

Es wird also angeraten, daß man ein Wort mit einer einzigen Silbe, etwa Gott oder Lob oder irgendein anderes, nimmt. Es scheint dem Verfasser gar nicht auf den Sinn des Wortes anzukommen, sondern nur darauf, daß er es bei Tag und Nacht nicht von seinem Herzen weichen läßt. Im *zazen* tritt das Koan an die Stelle dieses Wortes, das man auch Tag und Nacht und selbst im Schlafe im Sinn haben soll, wie etwa das »Mu« des Meister Chaochou. Es sollen alle Gedanken an irgend etwas anderes als an das Koan ausgeschlossen werden. Wie in dieser Schirft gesagt wird, daß alles unter die Wolke des Nichtwissens hinabgestoßen werden muß, so muß im *zazen* alles durch sämtliche Bewußtseinszustände hinuntergestoßen werden. So muß man auch nach der Lehre des Zen auf seinem Wege zur Erleuchtung durch die Wolke des Nichtwissens dringen.

Trotzdem will der Verfasser der »Wolke« nicht sagen, daß die Betrachtung der Eigenschaften Gottes oder des Lebens und Leidens Christi nutzlos oder gar schlecht seien. Im Gegenteil: Er hält diese Art der Betrachtung als Vorbereitung für die Meditation, die er nun lehrt, für unbedingt notwendig. Er sagt: »Dennoch waren die Dinge gut und heilig (die bisher betrachtet wurden)..., so heilig sogar, daß jeglicher Mann und jegliche Frau, die da wähnen, sie möchten zur Kontemplation gelangen, ohne daß eine solche tröstliche Meditation über ihr eigenes Elend, über das Leiden Christi und Gottes große Güte und Erhabenheit vorhergehe, sicherlich irregehen und ihren Vorsatz verfehlen werden.« Dann aber fährt er fort – und das ist auch sehr

---

[123]) A.a.O. S. 33.

wichtig –: »Jedoch geziemt es einem Mann und einer Frau, die sich lange Zeit in diesen Meditationen geübt haben, sie hinter sich zu lassen und sie tief unter die Wolke des Vergessens hinab zu drücken und dort zu halten, wenn sie je durch die Wolke des Nichtwissens dringen wollen, die zwischen ihnen und ihrem Gott steht.«

Einerseits setzt er die Übung der gewöhnlichen Betrachtung als notwendig voraus, anderseits aber hat er auch keine Bedenken, jedem anzuraten nun weiter zu gehen und die Meditation zu üben, in der selbst die frommen und heiligen Gedanken ausgeschaltet werden.

Natürlich wird weder in dieser noch in einer anderen Schrift der christlichen Mystik Gott geleugnet oder jeder Gedanke an Gott verboten, aber es darf nur eine »blinde Regung zu Gott« sein. »Denn eines sage ich dir: Heilsamer für die Seele, wertvoller in sich selbst und wohlgefälliger vor Gott und allen Engeln und Heiligen im Himmel – ja, und hilfreicher für deine leiblichen und geistlichen Freunde ... ist solch eine blinde Regung zu Gott um seiner selbst willen; und eine heimliche Liebe, die du auf die Wolke des Nichtwissens setzest ... nützt dir mehr, als wenn das Auge deiner Seele für die Kontemplation ... aller Engel und Heiligen im Himmel geöffnet würde, oder wenn du alle fröhlichen Klänge hören könntest, die jenen in der Seligkeit erklingen.«[124]

Schon ein einfacher Gedanke, der sich gegen den eigenen Willen aufdrängt, kann uns von Gott abziehen. Wieviel mehr gilt das von Gedanken, in die wir einwilligen. »Denn, wenn schon ein einfacher Gedanke an etwas, das unter Gott ist und sich deinem Wollen und Willen aufdrängt, dich von Gott weiter entfernt, als du sein würdest, wenn der Gedanke nicht da wäre und dich hindert und auf diese Weise noch

---

[124] A.a.O. S. 38.

weniger fähig macht, die Frucht seiner Liebe erfahrungshaft zu erfühlen, wie sehr wird dann nicht ein Sinnen, das du dir wissentlich willentlich zugezogen hast, dich in deinem Vorsatz behindern?«[125]

Um ja kein Mißverständnis aufkommen zu lassen fügt er wieder hinzu: »Ich sage nicht, daß solch ein einfacher plötzlicher Gedanke, der sich mit einem guten und rein geistigem Ding unter Gott beschäftigt und sich gegen dein Wollen und Wissen an dich stemmt ... deshalb übel sei, obwohl er dich in dieser Art des Werkes hindert ... aber ich sage, daß – wenigstens jetzt – dieses Werk mehr gehindert als gefördert wird, obwohl all dies gut und heilig ist ...«[126]

Das 12. Kapitel der »Wolke« trägt die Überschrift: »Daß kraft dieses Werkes nicht nur die Sünde vertilgt, sondern auch die Tugenden erlangt werden können« und spricht von der ethischen Wirkung der Meditationsweise, von der hier die Rede ist. Sowohl die Wirkung als auch die Wirkweise deckt sich mit der des Zen, insofern als sie auf die ethische Haltung als Ganzes wirkt. Auch hier bemüht man sich nicht, einzelne Fehler abzulegen und einzelne Tugenden besonders zu pflegen. Das würde dieser Methode ebenso widersprechen wie es bei der Zen-Methode der Fall wäre.

Es heißt zunächst: »Wenn du dich noch so sehr über deine Sünden kränkst und sie und das Leiden Christi beweinst oder die Freuden des Himmels noch so sehr im Sinne hast: was nützt es dir? Es wird dir sicher viel Gutes, viel Hilfe, viel Förderungen und viel Gnade einbringen, aber, verglichen mit jener blinden Regung der Liebe und außerhalb ihrer, wird es nicht viel einbringen. Diese blinde Regung

---

[125]) A. a. O. S. 39.
[126]) A. a. O. S. 39.

der Liebe allein ist der beste Teil, den Maria erwählt hat, ganz ohne alles übrige. Dieses übrige, aber ohne die Liebe, nützt wenig oder gar nichts.«

Damit soll gewiß nicht gesagt werden, daß nicht auch bei der ersten Art, die Fehler zu bekämpfen und sich um die Tugenden zu bemühen, das Motiv der Liebe eingesetzt würde oder nicht betätigt werden könnte. Das geht schon daraus hervor, daß die Betrachtung des Leidens Christi als Gegenstand und daher auch als Motiv angeführt wird. Denn würde die Liebe zu Gott hier ganz fehlen, so könnte man kaum noch von christlichem Streben sprechen, wenn es auch in sich nichts schlechtes wäre. Aber die blinde Regung der Liebe, von der die Rede ist, hat innerhalb der hier gelehrten Methode eine viel größere Kraft, als wenn die Dinge im einzelnen gesehen würden. Dieser Weg ist eben auch wieder ein Versenkungs- und Reinigungsweg. Daher heißt es nun weiter: »Denn sie vernichtet nicht nur den Grund und die Wurzel der Sünde, soweit das hienieden möglich ist, sie wirkt auch Tugenden.«

Es geht wieder um die Umwandlung im Seelengrund, die vollzogen werden muß. Freilich muß man dafür die genannte Regung verstehen: »Wenn man sie richtig begreift, so wird diese blinde Regung der Liebe alle Tugenden innig und vollkommen in sich fassen, sie fühlen und in sich aufnehmen, ohne daß sich eine bewußte Absicht einmischt.«

Auch der letzte Satz dieses Abschnitts verdient unsere Beachtung: »Hätte ein Mensch noch so viele Tugenden, aber nicht diese Regung, so wären sie alle mit einer verkehrten Absicht vermengt und daher unvollkommen.«[127] Wir sehen, daß die Wirkweise, die eine passive ist, jener des Zen entspricht. Anders ausgedrückt: Was wir vorher im Zen gesehen haben und was uns vielleicht überrascht hat, finden

---

[127] A.a.O. S. 43.

wir hier in der christlichen Spiritualität wieder. Man kann freilich – im Fall des Zen – nicht wörtlich von einer blinden Regung der Liebe sprechen. Diese Sprechweise ginge formal nicht mit dem Zen-Buddhismus zusammen. Und doch ist es wahr, daß auch beim *zazen* eine blinde Regung, d. h. im Unterbewußtsein vorhanden ist als das Verlangen in einen neuen Menschen umgewandelt zu werden.

Im 26. Kapitel sagt der Verfasser, daß dieses Werk eine große Mühe sei und daß man trotzdem nicht nachlassen dürfe. »Mühe dich sehr ab und schlage gegen diese hohe Wolke des Nichtwissens und alsdann halte dich ruhig...« Dann fragt der Verfasser: »Worin aber besteht dann, ich bitte dich, diese Mühe? Sicherlich darin, daß du das Gedenken an alle Geschöpfe hinabtrittst, die Gott je schuf, und es unter der schon erwähnten Wolke des Vergessens niederhältst. Darin besteht die ganze Mühe.«[128]

Eben dieses ist auch die große Mühe beim *zazen:* die Leere oder bildlose Schau zu erstellen und zu bewahren. Aber manchmal kann es geschehen, daß ein Lichtstrahl aus der Wolke bricht und den sich Mühenden stärkt: »Vielleicht wird er dann gelegentlich einen Strahl geistlichen Lichtes aussenden, der die Wolke durchbricht, die zwischen dir und ihm ist und dir etwas von seinen Geheimnissen zeigen, von denen der Mensch weder sprechen soll noch kann.«[129]

Auch im Zen brechen, wie wir gesehen, manchmal aus der Dunkelheit unerwartete Erkenntnisse hervor, die wertvoll sind und ermutigend. Aber sie sind noch nicht die Erleuchtung und man darf nicht dabei stehen bleiben. Ob und wieweit diese Lichtstrahlen aus der göttlichen oder aus der eigenen Sphäre kommen, kann man oft nicht beurteilen. Man braucht sie auch nicht zu untersuchen. Auch die Er-

---

[128]) A. a. O. S. 61.
[129]) A. a. O. S. 62.

leuchtung selbst bricht aus der Wolke des Nichtwissens hervor.

Zu der Frage, wer in diesem Werke wirken soll und wann, wird in folgender Weise Stellung genommen: »Wenn du mich fragst, wer darin wirken soll, so antworte ich dir: ›Alle, die mit ehrlichem Willen der Welt entsagt haben und sich nicht dem aktiven Leben hingeben, sondern dem Leben, das kontemplativ genannt wird. Die alle sollen in dieser Gnade und in diesem Werke wirken, was immer sie seien, auch wenn sie einst Gewohnheitssünder gewesen sind.‹« [130] Über diese Frage wurde schon vorher einiges gesagt. Hier kommt hinzu, daß diese Menschen der Welt entsagt haben und sich dem kontemplativen Leben hingeben.

Es war auch ursprünglich im Zen so, daß die, welche zur Erleuchtung kommen wollten, in die Berge gingen, einsam lebten und die Meditation übten, wobei es dann oft an der geeigneten Leitung fehlte. Inzwischen hat aber das Zen, mit Zuhilfenahme der Körperhaltung und des rechten Atems, einen Weg gefunden, auf dem auch einer, der in der menschlichen Gesellschaft einen Beruf ausübt, zur Erleuchtung kommen kann. Wenn die genannten Bedingungen erfüllt sind, dann kann an sich jeder den Weg der Wolke oder des Zen gehen.

Im Falle, daß er ein unsittliches Leben in der Vergangenheit geführt haben sollte, müßte sich freilich zunächst eine aufrichtige Bekehrung vollziehen. In den Worten der »Wolke« bedeutet das: »nicht eher als sie, wie es die hl. Kirche vorschreibt, ihr Gewissen von allen früheren, tätlichen Sünden gereinigt haben«.[131] Wer dann freilich seines Berufes wegen in der Welt bleibt, sollte von Zeit zu Zeit sich in die Einsamkeit zurückziehen, sei es in ein Kloster – ein Kloster

---

[130]) A.a.O. S. 62.
[131]) A.a.O. S. 63.

auf Zeit – oder an einen anderen Ort, an dem er mehrere Tage lang schweigend meditiert. Auch muß er sich in seinem Berufs- und Familienleben so verhalten, wie wir es bereits vorher gesagt haben.

Gerade zu dem Verhalten im täglichen Leben hat uns auch der Verfasser der »Wolke« etwas zu sagen: »Du fragst mich vielleicht wie du dich im Essen, Schlafen und in allen anderen Dingen maßvoll benehmen sollst. Da meine ich, kann ich dir ganz kurz antworten: ›Nimm es, wie es kommt.‹ Wirke in diesem Werke unaufhörlich und ohne Maß und du wirst bald alle deine Werke mit Maß zu beginnen und zu beenden wissen. Denn ich kann nicht glauben, daß ein Mensch, der Tag und Nacht in diesem Werke fortfährt, in einer äußeren Tätigkeit untergehen kann; wirkt er es aber nicht, so wird er, scheint mir, immer irregehen.«[132] Nachdem er darüber noch eine Erklärung zu geben versucht, fügt er hinzu: »Laß die Menschen sagen, was sie wollen, die Erfahrung wird zeigen, ob sie recht haben.«[133] Dasselbe wird man beobachten, wenn man das *zazen* regelmäßig und mit Eifer übt. Denn dadurch kommt man ganz von selbst zu einer inneren Wachsamkeit, die wirksamer ist als vieles Nachdenken in jedem Einzelfalle.

Von ganz besonderer Bedeutung sind für unser Thema das 43. und 44. Kapitel. Die Überschrift des ersteren lautet: »Daß alles Wissen und Fühlen, das der Mensch von seinem eigenen Sein hat, notwendigerweise vergehen muß, wenn die Seele in diesem Leben die Vollkommenheit dieses Werkes fühlen soll.« In diesem Kapitel heißt es: »Deshalb rotte alle Kenntnis und alles Gefühl aus, das du von irgend einem Geschöpf, besonders von dir selber hast. Denn daran, was du von dir weißt und über dich fühlst, hängt alle Er-

---

[132]) A. a. O. S. 71/2.
[133]) A. a. O. S. 72.

kenntnis und alles Gefühl ab, das du für alle Geschöpfe hast; und es ist unvergleichlich leichter, die übrigen Geschöpfe zu vergessen als dich selbst. Wenn du eifrig daran gehst, es zu erproben, wirst du finden, daß zwischen dir und Gott noch ein nacktes Kennen und Fühlen deines eigenen Seins bleiben wird, nachdem du schon alle anderen Geschöpfe, ihre Werke und dazu deine eigenen Werke vergessen hast. Dieses Kennen und Fühlen muß solange ertötet werden, bis die Zeit kommt, da du die Vollkommenheit dieses Werkes wirklich fühlst.«[134] Das Ich muß also gänzlich aus dem Bewußtsein verschwinden und gerade das wird in der Zen-Meditation mehr als alles andere betont. Was das Bewußtsein betrifft, so muß man buchstäblich selbstlos werden.

Hier wird man vielleicht fragen: Wie ist solches zu vereinigen mit dem, was Richard von St. Viktor und andere Mystiker von der Wichtigkeit der Erkenntnis des Selbst sagen? Ist das nicht ein Widerspruch? Dieser scheinbare Widerspruch löst sich sofort auf, wenn wir uns daran erinnern, daß es sich bei Richard von St. Viktor in diesem Zusammenhange um eine intuitive Erkenntnis des tiefsten Selbst, um das unmittelbare Erfassen der eigenen Existenz handelt. Das aber ist eine Erkenntnis, die jenseits jenes Bewußtseins des Ich liegt, das wir habituell besitzen. Es wird überhaupt erst möglich, nachdem jenes normale Bewußtsein des Selbst hinter uns liegt.

Das 44. Kapitel lautet: »Was eine Seele von sich aus dazu tun kann, um alles Wissen und Gefühl ihres eigenen Seins zu ertöten.« Wir wissen vom Zen her, daß gerade dies das allerschwierigste ist, schwieriger noch als die im Zen vorgeschriebene Körperhaltung und was sonst noch verlangt wird. Der Verfasser der »Wolke« meint, daß dies

---

[134] A.a.O. S. 73.

durch menschliche Kraft überhaupt nicht möglich sei, sondern nur durch eine besondere Gnade Gottes, mit der aber der Mensch von seiner Seite zusammenwirken müsse, »daß ohne eine ganz besondere, freiwillige, von Gott gespendete Gnade und ohne eine ganz gleichgestimmte Fähigkeit deinerseits, diese Gnade zu empfangen, dieses nackte Wissen und Fühlen deines Seins auf keine Weise ertötet werden kann«.

Hier möchten wir daran erinnern, daß, obwohl der Zen-Buddhismus dem *tariki* (aus eigener Kraft) angehört, auch Anhänger der Zen-Schulen in dieser Not gelegentlich Bodhisattvas um Hilfe anflehen. In der »Wolke« wird nun erklärt, was mit der »gleichgestimmten Fähigkeit« gemeint ist. »Diese Fähigkeit ist nichts anderes als ein großer und tiefer geistlicher Kummer.« Dann wird uns gesagt, wie wir uns dabei zu verhalten haben: »Aber in diesem Kummer mußt du auf folgende Weise maßhalten: Achte darauf, wenn der Kummer kommt, daß du weder deinen Leib noch deinen Geist zu heftig anspannst, sondern sitze ganz still, als würdest du scheinbar schlafen und sei ganz versunken in Klage und Kummer. Das ist der wahre Kummer, das ist der vollkommene Kummer, und es stünde wohl um jeden, der sich zu diesem Kummer durchringen könnte.«

Denn dieser Kummer wirkt heilend auf den Menschen. »Wenn man diesen Kummer hat, reinigt er die Seele nicht nur von der Sünde, sondern auch von der dafür verdienten Pein. So gibt er der Seele die Fähigkeit, jene Freude zu empfangen, die den Menschen von jedem Kennen und Fühlen seines Seins befreit.« Und doch: »Wenn man diesen Kummer richtig empfindet, ist er erfüllt von einem heiligen Verlangen; denn sonst könnte kein Mensch in diesem Leben ihn ertragen. Wäre es nicht so, daß des Menschen Seele einigermaßen und bis zu einem gewissen Grad Trost fände, daß der Kummer richtig wirkt, so würde sie die Pein nicht ertragen können, die das Kennen und Fühlen ihres Seins mit sich bringt.«[135] Der Kummer ist groß, aber heilsam.

Worin der Kummer im wesentlichen besteht, geht aus folgendem hervor: »So oft der Mensch in solcher Lauterkeit des Geistes, als sie nur hienieden möglich ist, seinen Gott wahrhaft kennen und fühlen will, jedoch fühlt, daß es nicht gelingt, weil er immer dieses Kennen und Fühlen sozusagen von einem übelstinkenden Klumpen seines Selbst eingenommen und erfüllt findet ... ebenso oft wird der Mensch fast wahnsinnig vor Kummer ...«[136] Der Kummer besteht also darin, daß der Mensch trotz aller Mühe und obwohl er nach seinem ehrlichen Willen alles verlassen hat, nicht zur ersehnten Gotteserfahrung kommen kann, weil sein eigenes Ich ihm den Weg verstellt. Aber er verzweifelt trotzdem nicht, sondern verlangt nur »ohne Unterlaß, des Kennens und Fühlens seines Sein entledigt zu werden«.

Auch der, welcher mit Hilfe der Zen-Meditation nach der Erleuchtung strebt, kennt diesen Kummer, der sich oft über viele Jahre hinzieht, zumal wenn er auf alles verzichtet hat und leidet darunter, daß es ihm nicht gelingen will, das Selbst, das er nicht loswerden kann, zu überwinden, damit er die ersehnte Befreiung erlangt. Aber auch er darf nicht verzweifeln, sondern muß nun mit Einsatz des Lebens weiter üben.

Zenartig mutet auch der Inhalt des 68. Kapitels an. Das gilt schon von der Überschrift: »Daß leiblich nirgends, geistlich überall ist; und wie unser äußerlicher Mensch das Werk, das dieses Buch lehrt, als nichtig bezeichnet.« Obwohl wir erwarten wollten, daß bei der tieferen Weise des Betens oder Meditierens, von dem die Rede ist, das Gehen nach innen getätigt werden sollte, rät der Verfasser anscheinend

---
[135]) A.a.O. S. 74/5.
[136]) A.a.O. S. 75.

davon ab. Es heißt dort: »Wenn jemand anderer dir gebieten sollte, deine Kräfte und deine Sinne ganz in dein Inneres hinein zu sammeln und dort Gott zu verehren und wenn das auch recht gesagt ist, so daß niemand es besser sagen könnte, wenn man's nur richtig versteht, so will ich doch, aus Sorge, du könntest diese Worte im leiblichen Sinne mißverstehen, dir diese Anweisung nicht geben, sondern vielmehr die folgende: Sei in keiner Weise darauf aus, in deinem Inneren zu weilen, oder, kurz gesagt: ich will auch nicht, daß du außer dir, über dir, hinter dir, noch auf dieser oder jener Seite von dir weilest.« [137]

In diesen letzten Worten spricht der Verfasser wahrhaftig wie ein Zenmeister. Aber er sieht auch, daß er damit seinen Schüler in Verlegenheit bringt und nimmt dessen Frage vorweg (was ein Zenmeister wahrscheinlich nicht getan hätte): »›Wo also soll ich denn sein?‹ fragst du. ›Nirgends, nach dem was du sagst.‹ Jetzt wahrlich hast du recht gesprochen, denn dort will ich dich haben. Denn leiblich nirgends ist geistlich überall ... Laß nicht ab davon, sondern bemühe dich eifrig in diesem Nichts mit einem lebhaften Verlangen und Willen, Gott zu besitzen, den niemand kennen kann. Denn ich sage dir in Wahrheit: Ich möchte lieber leiblich in diesem Nirgends sein und mit diesem blinden Nichts ringen als ein so großer Herr sein, daß ich leiblich überall sein könnte, wenn ich wollte, und fröhlich mit all diesen Etwassen spielen, so wie ein Herr mit seinem Eigentum.« Dann fährt er fort mit seinen Mahnungen: »Laß ab von diesem Überall und diesem Etwas zugunsten dieses Nirgends und Nichts. Kümmere dich nicht darum, wenn deine Sinne dieses Nichts nicht begreifen. Denn das ist mir viel lieber.«

Hier ist unter dem Begreifen der Sinne nicht nur das Er-

---

[137] A. a. O. S. 83/4.

kenntnisvermögen der Sinne allein, sondern auch das verstandesmäßige Erkennen gemeint, das in Verbindung mit den Sinnen geschieht, also nicht rein geistiges Verstehen ist. Diese Erkenntnisweise ist ungeeignet für die unmittelbare Erfassung Gottes. Der Verfasser sagt – es sei ihm lieber so. Der Grund dafür ist, daß wenn einer glauben würde, er habe das mit den Sinnen verstanden, worum es hier geht, so würde das beweisen, daß er es nicht verstanden hätte; denn mit dieser Art der Erkenntnis kommt man hier nicht durch. »Es ist nämlich so erhaben in sich, daß sie nichts davon begreifen können.«

Des weiteren sagt er von diesem Nichts, daß es besser gefühlt als gesehen werden könne, da es ganz blind und dunkel sei für jene, die erst kurz darauf geschaut hätten. Dann aber kommt der bedeutungsvolle Satz: »Jedoch, um es der Wahrheit gemäß zu sagen, wird eine Seele, die es fühlt, mehr geblendet von dem Überfluß an geistlichem Licht, als sie blind sein könnte von irgendeiner Finsternis oder Mangel an leiblichem Licht.« Es ist damit so, wie es Johannes vom Kreuz sagt, wenn er von der dunklen Beschauung spricht, bei der man ins Dunkel schaut. In diesem anscheinend vollkommenem Dunkel sei ein Licht, das die Seele nicht wahrnehme, weil sie noch nicht genügend gereinigt sei.

Deswegen heißt es in der »Wolke« weiter: »Wer ist es, der es Nichts nennt? Sicherlich ist es unser äußerlicher Mensch, nicht unser innerlicher. Unser innerlicher Mensch nennt es Alles; denn es lehrt ihn, alle Dinge leiblich und geistlich zu verstehen, ohne irgend ein Ding um seines selbst willen zu beachten.«[138] Das ist die Sprache, die wir auch sonst bei den Mystikern des Mittelalters finden.

Im Zen-Buddhismus freilich bleibt die Ausdeutung des

---

[138] A.a.O. S. 84/5.

Erlebten zunächst aus. Ist es das Alles, das Absolute? Ist es alles Existierende, das eigene Ich eingeschlossen? Das Erlebnis des Alles oder des Nichts bleibt wie ein Geheimnis oder, sagen wir lieber, wie ein Heiligtum geschlossen und verborgen. Erst wenn man versucht, es zu vergegenständlichen und die Einheit auseinander fällt, kommt es auf Grund der eigenen buddhistischen Weltanschauung notwendigerweise zu einer monistischen Interpretation.

Der Verfasser spricht nun von den außerordentlichen Wirkungen des Nichts-Erlebnisses: »Wundersam wandelt sich der Seelenzustand, wenn er dieses Nichts geistlich fühlt und es in dem Nirgends gewirkt wird. Wenn die Seele zum ersten Male darauf blickt, wird sie alle ihre sündigen Taten ... darin ausgemalt finden ... Soweit kommen viele; aber weil die Pein, die sie fühlen, so groß ist und weil ihnen der Trost mangelt, kehren sie zurück zur Betrachtung von leiblichen Dingen und suchen außen fleischlichen Trost anstatt des geistlichen, den sie noch nicht verdient haben, der aber ihr Lohn gewesen wäre, hätten sie dort ausgeharrt.« [139] Der Aufstieg zur Mystik, und zwar zu jeder echten Mystik, ist steil und braucht viel Zeit. Wenn man auch bis zu einem gewissen Grade aufgestiegen ist und sich mit Recht freut, bis dahin gekommen zu sein, so ist man doch noch nicht auf dem Gipfel.

Es kommen wieder Dunkelheiten und Prüfungen und dann versagen viele, anstatt zu bedenken, was ihnen in diesem Buche gesagt wird: »Der Mensch, der ausharrt, fühlt manchmal einen geistlichen Trost und kann auf Vollkommenheit hoffen.« [140] Solcher Trost soll uns ermutigen, aber er ist noch nicht die Vollendung. Daher fügt der Verfasser

---

[139]) A. a. O. S. 85/6.
[140]) A. a. O. S. 86.
[141]) A. a. O. S. 86.

etwas weiter unten hinzu: »Ach er mag denken, was er will; denn immer wird er eine Wolke des Nichtwissens finden, die zwischen ihm und Gott ist.« [141]

Ganz dieselbe Erfahrung machen wenigstens viele, die auf dem Wege des Zen mit allem Eifer nach der Erleuchtung streben. Darum müssen auch die Zenmeister ihre Schüler immer wieder zur Ausdauer ermahnen, ebenso wie es der Verfasser dieser Schrift tut: »Deshalb übe dich eifrig in diesem Nichts und Nirgends und laß von deinen äußeren Sinnen. Denn die Wahrheit sage ich dir: Dieses Werk kann durch sie nicht erfaßt werden ... denn von Natur sind diese Sinne so beschaffen, daß die Menschen mit ihnen alle äußeren Dinge erkennen, aber in keiner Weise durch sie, durch ihr Wirken, zur Erkenntnis geistlicher Dinge gelangen, denn das Ding, dem gegenüber die Sinne versagen, ist nichts anderes als Gott allein. Deshalb sagt der hl. Dionysius: »Das göttliche Wissen von Gott ist das, was in Unwissenheit erkennt.« [142]

Wir brauchen nicht darauf hinzuweisen, wie sehr all das auch auf das Zen, bzw. die zu erlangende Wesensschau zutrifft. Die vielen, im Zen bekannten, Paradoxe drücken dasselbe aus. Abgesehen von der Körperhaltung und Atmung, von der wir in der »Wolke des Nichtwissens« nichts hören, sind die beiden Wege methodisch dieselben.

Es gilt auch für beide, daß sie nicht für alle, die sie zu gehen sich ernstlich bemühen, gleich schwer sind. In der »Wolke« heißt es dazu: »Manche halten diese Sache für so schwierig und so erschreckend, daß sie sagen, man könne dazu nicht kommen, ohne sich mit vieler schwerer Mühe darauf vorzubereiten. Auch könne man die Sache nur selten wahrnehmen und auch das nur in Zeiten der Entrückung.«

Die Antwort darauf lautet: »Es gibt solche, die können

---

[142] A.a.O. S. 86–88.

nicht ohne und wiederholte geistliche Übungen dazu kommen, und auch dann geschieht es nur selten und nur wenn unser Herr sie besonders dazu ruft, daß sie die Vollkommenheit dieses Werkes fühlen. Dieser Ruf aber heißt Entrückung.« Das ist eine Art von Menschen, aber es gibt auch Vertreter einer anderen. Von denen heißt es: »Dagegen gibt es andere, die sind mit der Gnade und dem Geist so vertraut und sind so innig verbunden mit Gott in dieser Gnade der Kontemplation, daß sie im gewöhnlichen Stand der menschlichen Seele dazu kommen, wann sie wollen, ob sie nun stehen oder gehen, sitzen oder knien. Und gleichzeitig bleiben sie aller ihrer Sinne vollkommen mächtig, sowohl der leiblichen als der geistigen und können sie gebrauchen wie sie wollen, zwar nicht völlig ohne Hinderung, aber ohne große Hinderung.« [143]

Auch im Zen gibt es diese verschiedenen Typen, was um so weniger zu verwundern und sogar selbstverständlich ist, weil die Wesensschau als Möglichkeit in der menschlichen Natur begründet ist und deswegen, neben der eigenen Anstrengung, weitgehend von der Veranlagung abhängt. Übrigens dürften auch die Unterschiede, von denen in der »Wolke« gesprochen wurde, weitgehend auf der Verschiedenheit der Veranlagung der einzelnen Menschen beruhen.

Im Zen kommen manche Menschen sehr schnell zur Erleuchtung, andere nur mit großer Mühe. Letztere müssen sich sehr anstrengen, um die Wesensschau von neuem zu erlangen. Aber es gibt auch solche, die das Erlebnis außerhalb des *zazen*, aus anscheinend ganz zufälligen Anlässen, haben, etwa wenn sie etwas Schönes sehen. Trotzdem gilt vom Zen: Das Geheimnis des Erfolges ist die Beharrlichkeit. Wer durchhält, wird nicht enttäuscht.

---

[143] A. a. O. S. 88/9.

DAS ZAZEN ALS CHRISTLICHE MEDITATION

Die »Wolke des Nichtwissens« hat uns gezeigt, daß es im christlichen Mittelalter bereits eine Anleitung zur Meditation und selbst zur Kontemplation gab, die auffällige Parallelen mit dem Zen aufweist. Trotz dieser Übereinstimmung werden wir bei der näheren Beschreibung dieser Methode vielleicht doch das Empfinden gehabt haben, daß nicht alles, was dort gesagt wird, in unsere Zeit paßt, besonders wenn man die neuesten Entwicklungen auf religiösem Gebiete und auch im Christentum in Betracht zieht. Ebenso ist unser Lebensstil nicht derselbe wie der des 14. Jahrhunderts, in dem diese Schrift verfaßt wurde. Dazu kommt, daß wir der Mithilfe von Körperhaltung und Atmung, wie wir sie heute in verschiedenen Formen kennen, mehr bedürfen als die Menschen des Mittelalters, die schon ohnehin mehr meditativ lebten als wir das heute zu tun vermögen.

Wir brauchen sozusagen eine der Gegenwart angepaßte »Wolke des Nichtwissens«. Das *zazen,* das so viel Ähnlichkeit mit der Meditation der »Wolke« hat, ist von seinem Ursprung her gewiß keine christliche Meditation, wogegen die »Wolke« diesen Charakter trotz allem »Nichts« und »Nirgends« auf den ersten Blick erkennbar trägt. Die Frage ist also: Wie können wir das *zazen* zu einer christlichen Meditation gestalten, aber doch so, daß es seinen Wesens-Charakter nicht verliert? Wenn das gelänge, so hätten wir eine »Wolke des Nichtwissens« für das 20. Jahrhundert gefunden. Das soll nun in diesem Kapitel versucht werden. Es wird dabei, des besseren Zusammenhangs wegen, nicht ganz zu vermeiden sein, einiges bereits früher Gesagte zu wiederholen.

Zunächst müssen wir zwei Wege oder Stufen bei der Anwendung des *zazen* im christlichen Bereich unterscheiden:

1. Man benutzt es als Mittel zur geistlichen Sammlung, d. h. als Vorbereitung auf die christliche Betrachtung oder Meditation.

2. Man verwendet das *zazen* selbst als eine Art christlicher Meditation.

Im ersten Fall handelt es sich um Christen, die bereits in gewohnter Weise die christliche Meditation üben oder sie erlernen möchten. Es gibt gewiß viele Arten christlicher Meditation, aber im Anfange und vielleicht auch auf lange Zeit hinaus werden sie das mehr oder weniger in folgender Weise tun: Sie erinnern sich zunächst an ein Glaubensgeheimnis oder an ein Schriftwort, stellen sich, je nach dem Gegenstand der Betrachtung, die näheren Umstände in der Phantasie vor, denken darüber nach und ziehen daraus eine Lehre für ihr christliches Leben. Dann bitten sie Gott um die Gnade, ihre dementsprechenden Entschlüsse ausführen zu können. Die verschiedenen Weisen dieser Art von Meditation sind alle »gegenständlich«. Sie haben ein Objekt und werden mit Verstand und Wille betätigt. Meistens wirkt auch die Vorstellung mit. Diese Art der Betrachtung erfordert natürlich einen gewissen Grad von Konzentration bzw. geistiger Sammlung. Wenn nun jemand in einem praktischen Beruf tätig ist, so bietet die Konzentration oder Sammlung oft große Schwierigkeit. Der Geist schweift immer wieder ab zu anderen Dingen. Um diese Schwierigkeit zu überwinden, also zur Vorbereitung auf die Betrachtung selbst, kommt das *zazen* auf dem ersten Wege oder der ersten Stufe zur Anwendung. Das kann in folgender Weise geschehen:

Man setzt sich mit verschränkten Beinen in der beim

zazen üblichen Weise auf ein Kissen oder eine Decke, die man auf dem Boden ausgebreitet hat, atmet ruhig und bemüht sich, den Geist zu sammeln. In dieser Position verharrt man 5 bis 10 Minuten und beginnt dann die Meditation selbst. Während derselben bleibt man in der Position oder wählt eine andere, die einem mehr zusagt. Das letztere wird gewöhnlich für Menschen gelten, die noch nicht an das *zazen* gewöhnt sind. Denn sie empfinden noch erhebliche Schmerzen in den Beinen, besonders wenn sich die Betrachtung über eine längere Zeit ausdehnt. Wenn es ihnen hilft, während der Betrachtung eine Periode *zazen* einzulegen, so steht dem natürlich nichts im Wege.

Auf die nähere Beschreibung des Vollzuges des *zazen*, was Körperhaltung und Atmung betrifft, gehen wir hier nicht ein, sondern setzen es als bekannt voraus. Falls notwendig, möge man nachlesen, was vorher gesagt oder im »Zen-Weg zur Erleuchtung« ausführlich beschrieben wurde. Es ist aber anzuraten, auch wenn das *zazen* nur als Vorbereitung zur eigentlichen Betrachtung benutzt wird, die Atem-Konzentration mit einzubeziehen.

Das also ist die erste Weise oder Stufe der Verwendung des *zazen* in der christlichen Spiritualität: nämlich als Vorbereitung auf die Betrachtung selbst.

Beachten wir nun den zweiten Weg, der natürlich der wichtigere, aber auch der problematischere ist und auf den es uns hier vor allem ankommt. Um uns klarzumachen, worum es sich handelt, wollen wir uns zunächst daran erinnern, wie nach christlicher Tradition der Übergang von der sogenannten Betrachtung zu einer tieferen Art von Meditation, die wir »erworbene Beschauung« nannten, vollzogen wird. Kurz gesagt: Dies geschieht dadurch, daß man die Tätigkeit des Verstandes zugunsten des Willens reduziert und schließlich zu einem rein affektiven Gebet kommt. Als weiterer Schritt wird auch die Tätigkeit des Willens mehr und mehr vereinfacht, bis sie nur noch in einem einzigen anhaltenden Affekt besteht.

Obwohl die Meditation sich auf diese Weise mehr und mehr jener geistigen Haltung nähert, die beim *zazen* vorherrscht, so bleibt doch, abgesehen vielleicht von den letzten Stadien, immer noch ein gewisser Dualismus, eine Spannung zwischen Subjekt und Objekt bestehen, die beim *zazen* nicht vorhanden ist.

Es gibt nun verschiedene Meditationsweisen, die auf dem Wege von der oben kurz beschriebenen Betrachtung bis zur Meditation nach Art des *zazen* liegen und die daher auch in der Praxis als Zwischenstufen benützt werden können. Worin die erste besteht, wollen wir uns an einem Beispiel klarmachen:

Wir nehmen als Betrachtungsgegenstand die Parabel vom verlorenen Sohn. Im Falle der gewöhnlichen Betrachtungsweise würde man etwa so vorangehen, daß man alle Einzelheiten, die den jungen Mann betreffen – eine nach der anderen – betrachtend erwägt: sein anfängliches Glück im Vaterhause, seine Unzufriedenheit und Anmaßung, mit der er sein Erbteil fordert und das väterliche Haus verläßt und all sein Geld in Völlerei und Unzucht verschwendet, seine darauf folgende Verarmung und tiefe Verdemütigung und schließlich seine Reue und Rückkehr zum Vater und so fort.

Wollen wir nun eine tiefere Art der Meditation vollziehen, so genügt es nicht, daß wir den verlorenen Sohn wie auf einer Bühne vor uns sehen, wenn auch in tiefer Ergriffenheit, sondern, wir müssen selbst der verlorene Sohn werden, wir müssen ihn in uns selbst erkennen: Wir selbst sind es, die im Hause des himmlischen Vaters glücklich waren, aber doch nicht zufrieden und uns in der einen oder anderen Weise von Gott getrennt haben. Wir selbst müssen nun in uns gehen und in Reue und Demut zu Gott zurück finden. Wenn wir die Meditation in dieser Weise vollziehen und immer wieder von neuem anstellen, dann wird unser Herz nicht so sehr auf dem indirekten Wege durch Verstandeserwägungen und Willensentschlüsse als direkt und unmittelbar durch die Meditation gereinigt und umgewandelt.

Diese Meditation hat zweifellos große Ähnlichkeit mit der Zen-Meditation, insofern, als der Betrachtende eins mit dem Gegenstand der Betrachtung wird, ähnlich wie man dort eins mit dem Koan werden soll. Und doch ist das Einswerden nicht in beiden Fällen dasselbe, und das Objekt hat, wie wir wissen, auch einen anderen Zweck. Denn im ersten Falle findet eine Reflexion über die eigene Person statt und es bleibt ein Dualismus bestehen. Im Zen dagegen findet eine solche Reflexion überhaupt nicht statt. Weiterhin ist das Objekt (in unserem Falle der verlorene Sohn) das Mittel, sich selbst besser zu erkennen, um seine Fehler abzulegen.

Zen strebt im Gegenteil hierzu danach, von allem Bewußtsein des Selbst freizuwerden und über jeden Dualismus hinauszuwachsen. Dazu soll das Koan helfen; das ist sein eigentlicher Zweck. Mit anderen Worten: Beim *zazen* gibt es vom Anfang bis zum Ende kein Objekt im Sinne eines Gegenstandes der Betrachtung. Tatsächlich verschwindet das Koan ja auch, bevor die Erleuchtung eintritt, während man in der christlichen Meditation gerade durch das Objekt neue Erkenntnisse, »Erleuchtungen« zu erlangen sucht.

In dieser Hinsicht ist der ganze Verlauf der christlichen Meditation ein anderer – es sei denn, daß er bis zur mystischen Erfahrung vordringt. Dann nämlich besteht auch dort völlige Einheit von Subjekt und Objekt, wie alle christlichen Mystiker bestätigen können. Dann ist die Seele so tief mit Gott vereinigt, daß sie jegliches Bewußtsein ihrer eigenen Existenz verloren hat; phänomenologisch gesprochen: mit Gott eins geworden ist. Es besteht keine Subjekt-

Objekt Spannung und kein Dualismus mehr. Erst wenn dieser Zustand vorüber ist, wird sich die Seele als etwas von Gott Verschiedenes wieder ihrer selbst bewußt (Jan van Ruysbroeck).

Die zweite Art der Meditation, die man als Übergang von der Betrachtung zu einer tieferen Meditation nennen und benutzen kann, besteht darin, daß man ein einzelnes Schriftwort nimmt, das einen besonders angesprochen hat, und es, ohne zu »sezieren«, in sich hineinnimmt und tiefer und tiefer in die Seele sinken läßt. Auch diese Art der Meditation wird schon viel geübt und sagt manchen von vornherein mehr zu als jene Art, die man sonst im Anfang wenigstens als christliche Betrachtung empfiehlt. Wenn man sich zu schwer tut, ohne jeden Gegenstand das *zazen* zu üben, kann man auch auf diesem Wege beginnen. Es ist auch möglich auf diese Weise zur Bewußtseinsleere oder »Innenschau« zu gelangen.

Ein dritter Weg besteht darin, daß man sich von vornherein bemüht, das Bewußtsein zu entleeren.[144] Diese Art der Meditation hat große Ähnlichkeit mit dem *zazen,* in dem es zunächst auch auf die Bewußtseinsleere ankommt. Ist jedoch dieser Zustand einmal erreicht, so ist das weitere Vorangehen voneinander verschieden. Bei der christlichen Meditation soll die Leere durch Inhalte ausgefüllt werden, die für die Meditation geeignet sind, womit jedoch nicht Inhalte gemeint sind, die von außen herangeholt werden, sondern solche, die gewissermaßen schon im Unterbewußtsein der Seele zum Gebrauch bereitstehen. Sie können der natürlichen oder der übernatürlichen (profanen oder religiösen) Ordnung angehören. Im letzteren Falle sollten es mit Vorzug Geheimnisse aus dem Leben und Leiden Christi

---

[144] Lotz: »Einübung ins Meditieren am Neuen Testament«, Knecht, Frankfurt/M. 1965. S. 93/4.

sein, die durch häufige Betrachtung gewöhnlicher Art tief in die Seele eingeprägt wurden. Bei dieser Art der christlichen Meditation kann uns das *zazen* der ersten Stufe helfen, in die tieferen Schichten der Seele einzudringen, von denen aus solche »Bilder« in die Leere einfließen können.
Da es aber auch unerwünschte Elemente in denselben Seelentiefen gibt, die in die Leere des Geistes eindringen können, bedarf es sehr der »Unterscheidung der Geister«, damit die Seele keinen Schaden leidet. Die hier lauernde Gefahr kennen die christlichen Seelenführer; deswegen sind sie gegenüber dem *zazen* und anderen Meditationsmethoden, die ohne einen Gegenstand der Betrachtung vollzogen werden, oft skeptisch und lehnen sie von vornherein ab.
Das Vorangehen beim *zazen* besteht, nachdem einmal der Zustand der Leere erreicht ist, darin, daß keinerlei Inhalte (Gedanken oder Bilder) die Leere ausfüllen dürfen. Trotz der, von den christlichen Seelenführern angemeldeten Gefahr bemüht man sich dort, den Zustand des »reinen Bewußtseins« beizubehalten und zu vertiefen. Dieses Bestreben darf natürlich nur indirekt sein; denn wäre es ein direktes Bemühen, würde dies eine Beinhaltung des Bewußtseins bedeuten und wäre der Leere hinderlich. Andererseits bedarf es hier nicht einer Unterscheidung der »Geister«, da alle Inhalte unbesehen abgelehnt werden, wie wir es auch bei der »dunklen Beschauung« des hl. Johannes vom Kreuz gefunden haben. Auch dort gibt es kein Objekt und keinen Dualismus, sondern völlige Dunkelheit und man darf sich auf keinerlei Wahrnehmungen und Visionen, mögen sie nun unecht sein oder von Gott kommen, einlassen.
Als vierte Weise wäre in diesem Zusammenhange noch das »Jesusgebet« zu nennen. Dieses mentale Gebet steht dem *zazen* am nächsten von allen christlichen Meditationsweisen. Es schreibt zwar nicht dieselbe Körperhaltung vor aber verlangt von vornherein, daß alle Gedanken aus dem

Kopf heraus in das Herz verlegt werden sollen, daß also das diskursive Denken vollkommen ausgeschaltet werden muß. Überdies wird größter Wert auf die Atmung gelegt, die im Vollzug dieses Gebetes ein Wesensteil ist. Überdies müssen auch hier alle Visionen, und ähnliche Phänomene, die genauso auftreten wie das *makyo* im Zen, abgelehnt werden. Es scheint uns deswegen auch, daß es hier nicht so sehr um die Frage geht, welche Bedeutung die Übung dieses Gebetes auf dem Wege zur Zen-Meditation im vollen Sinne hat als vielmehr darum, ob man besser das eine oder das andere als endgültige Form wählt. Wohin das Jesusgebet führt, hängt gewiß weitgehend davon ab, ob man es richtig und konsequent durchhält. Aber es ist trotzdem vielleicht für viele leichter zu erlernen als das vollkommene *zazen*.

Möglich ist auch, beides miteinander zu verbinden, indem man während des *zazen* das Jesusgebet verrichtet, ähnlich wie das in Japan mit dem *nenbutsu* (Anrufung Amidas) geschieht.

Nachdem wir die Unterschiede zwischen der fortgeschrittenen christlichen Meditation und dem *zazen* einigermaßen klargestellt haben, können wir nun zur Erklärung übergehen, wie das *zazen* nicht nur als eine Vorbereitung für die christliche Meditation, sondern als christliche Meditation selbst verwandt werden kann. Der Vollzug der Zen-Meditation ist in diesem Falle genau so, wie wir ihn im ersten Teil dieses Buches beschrieben haben. Bezüglich der Körperhaltung und Atmung brauchen wir hier nichts hinzuzufügen.

Bei der geistigen Tätigkeit ist es auch in diesem Fall ratsam, wenigstens im Anfang die verschiedenen Weisen der Atemkonzentration zu benutzen. Der Grund ist, daß einerseits kein Gegenstand der Betrachtung vorhanden und es andererseits sehr schwierig und für Anfänger meistens sogar unmöglich ist, die Bewußtseinsleere aufrecht zu erhalten, ohne in einen Zustand des Dösens zu geraten, was natürlich nutzlos wäre. Ohne Objekt in einem gewissen Sinn – und sogar intensiv – geistig tätig zu sein, wie das beim *zazen* tatsächlich der Fall ist, wird erst dann möglich, wenn der Geist in eine tiefere Bewußtseinslage eingetreten ist, wie das im *zanmai* vorzüglich der Fall ist. Den dann herrschenden Zustand nennt man auch nicht-differenziertes Bewußtsein. Es ist dasselbe wie die bildlose Schau.

Dieser Zustand ist ein überklarer und der hoch-höchstwertige Bewußtseinzustand, der dem Menschen möglich ist, also das extremste Gegenteil von dem Zustand des Dösens. Es ist jener Zustand, der die notwendige Voraussetzung für die echte mystische Erfahrung und daher schwer zu erlangen ist. Deshalb sucht man den Geist in etwa zu beschäftigen, aber in einer Weise, die den Weg zu diesem tiefsten Bewußtsein nicht versperrt. Dazu sind die genannten Atemübungen besonders geeignet.

Es gibt aber auch andere Mittel, um über die Anfangsschwierigkeiten hinwegzukommen. Wenn es einem gar nicht zusagt, auch nur vorübergehend, die Konzentration auf das Atmen zu üben, kann man natürlich auch das schon erwähnte *shikantaza* benützen, in dem man sich nur auf das Sitzen konzentriert, d. h. auf das richtige Ausführen des *zazen*, so wie es vorgeschrieben ist. Das ist der Modus, den Meister Dogen vorschrieb und der seither die Besonderheit der Soto-Schule ausmacht. Man soll in diesem *shikantaza* auch nicht an das Satori denken, sondern einfach sitzen.

Über das dritte Mittel, das Koan, werden wir weiter unten noch eigens zu sprechen haben. Jedenfalls sollten wir, wenn wir das *zazen* als eine christliche Meditation üben, stets im Auge behalten, daß das *shikantaza* das eigentliche *zazen* ist und dies keineswegs im Widerspruch steht mit irgend einer Weltanschauung.

Im übrigen sollen die Atem-Übungen überhaupt nicht für immer fortgesetzt werden. Wenn es ohne zu große Schwierigkeit gelingt, das *shikantaza* auszuführen, möge man es von Anfang an tun – d. h. die Meditation damit beginnen und bis zum Schluß dabei bleiben. Carl Albrecht sagt: »Jede Stufe der Entbilderung vermehrt den Echtheitscharakter und vermindert die Täuschungs-Möglichkeiten« und: »Die Reihe abnehmender Bildfähigkeit ist der Reihe zunehmender Präsens gleichzusetzen. Die Reihe zunehmender Bildausprägung ist der Reihe abnehmender Präsens gleichzusetzen.«[145] An einer anderen Stelle sagt er: »Die bildlose Schau ist eine Schau in die Dunkelheit, aber nicht eine Schau des Dunkels. Sie ist eine Schau, in der nichts gesehen wird, aber nicht eine Schau des Nichts. Denn in der Dunkelheit, in die hineingeschaut wird, und im Vorgang eines Nichtsehens ist gleichzeitig und immer die mystische Präsens verborgen enthalten.«[146]

Eins ist gewiß: Welche Methode man auch anwendet, es gibt in der Zen-Meditation, auch nachdem der Zustand der tiefen Sammlung, des *zanmai*, erreicht ist, kein Objekt. Diese Regel ist zu beachten, obwohl der Geist gerade dann aufs beste für eine Meditation mit Objekt vorbereitet zu sein scheint. Wenn man trotzdem versucht, über einen Einzel-Gegenstand nachzudenken, so gleitet man aus dem Zustand der Sammlung alsbald wieder heraus. Ein Christ, der aufrichtig nach der Vereinigung mit Gott verlangt, würde das Gefühl haben, daß er sich eher von Gott entfernt als daß er ihm näher kommt. Das ist eine Tatsache, die sich bei christlichen Mystikern, denen von ihren Seelenführern befohlen wurde, über ein Objekt der Betrachtung nachzudenken, immer wieder bestätigt hat. In diesem Zustand also

---

[145] A. a. O.: »Das mystische Erkennen«, S. 197 u. S. 208.
[146] A. a. O. S. 213.

kann man Gott nicht als einem Gegen-stand oder in einer Subjekt-Objekt Spannung begegnen, sondern nur – und das ist viel wesentlicher – in der Vereinigung.

Wenn man daher das *zazen* als die Meditation selbst (nicht nur als Vorbereitung auf diese) benutzt, so soll man sich nicht bemühen, über irgend etwas einzelnes nachzudenken und, falls irgendwelche Gedanken auftauchen, diesen keine Beachtung schenken, gleich, ob sie etwas Gutes oder Schlechtes darstellen. Selbst über Gott sollte man jetzt nicht (nach Art einer auf Einzelheiten gerichteten Betrachtung) nachdenken. Das soll natürlich nicht heißen, daß man seine Einstellung zu Gott ändern müßte oder, daß es etwas schlechtes sei, sich im Geiste mit Gott zu beschäftigen. Was damit gemeint ist und was nicht gemeint ist, dürfte uns bei den Ausführungen über die »Wolke des Nichtwissens« klar geworden sein. Es geht hier um die Art der geistigen Tätigkeit und nicht um den Wert des Objektes. Das ist der Grund, warum die Zenmeister ihre Schüler immer wieder ermahnen, nicht bei irgend einem Gedanken oder Phänomen, das auftritt, stehen zu bleiben.

Sollte man trotzdem, ohne es zu bemerken, angefangen haben über irgend ein einzelnes Objekt nachzudenken, so muß man es aufgeben, sobald man sich dessen bewußt wird. Beobachtet man diese Regel, so schaden gelegentliche Entgleisungen nicht. Sie können im Gegenteil sogar nützen, insofern nämlich, als das *zazen* durch diese Mühe mit den lästigen Gedanken belebt und die Gefahr, in den Zustand des Dösens zu geraten, abgewendet wird.

Wenn man das *zazen* in der angegebenen Weise in der Haltung des *shikantaza* vollzieht, darf man sich auch nicht von dem Gedanken stören lassen, daß man seine Zeit verlöre, weil man nichts »tut«. Denn die Zeit ist nicht verloren, sondern sogar besser ausgenutzt als wenn man über viele Dinge nachdächte. Gerade weil man nichts tut, geschieht etwas, das viel wirksamer ist als die eigenen Gedanken und Entschlüsse. Es ist die passive Reinigung, die allein uns wirklich heil machen kann, aber bestehen bleibt, daß man durch die passive Haltung nicht in den erwähnten Zustand gänzlicher Untätigkeit des Geistes fallen darf. Sollte das trotzdem geschehen und gelingt es nicht, durch einen Willensentschluß wieder tätig zu werden, so möge man, dem Rate Taulers folgend, einige Gebete sprechen. Man braucht dann gar keine Eile zu haben, diese zu beenden, sollte aber doch nach einiger Zeit von neuem versuchen, in das *shikantaza* zurück zu finden. Oft geht es dann viel besser als vorher.

Der Zustand der Leere oder Innenschau ist also kein Verlust, sondern geistiger Gewinn. Er ist das *zanmai* in der Terminologie des Zen. Das ist unsere Meditation, in der christlichen Ausdrucksweise die erworbene Beschauung mit all den Wirkungen, die anderswo angegeben wurden (siehe die Gegenüberstellungen von christlicher Meditation und *zazen*). Manche Zenmeister sagen, das sei das Einssein mit Buddha, andere meinen sogar, das sei Satori. Daraus geht zum mindesten die hohe Wertschätzung dieses Zustandes hervor. Ueda spricht denselben Gedanken aus, wenn er sagt, das *zazen* sei für den Buddhisten, was für den Christen die sakramentale Kommunion sei.[147]

Ob man sagen kann oder sogar sagen muß, daß das *zazen* – zumindest wenn es bis in das *zanmai* vordringt – dasselbe sei wie Satori oder Wesensschau, lassen wir dahingestellt. Nach unseren Ausführungen trifft das nicht zu und die meisten Zenmeister werden sich kaum so ausdrücken. Das *zanmai* entspricht im christlichen Bereich dem Gebet

---

[147] Ueda: »Die Gottesgeburt in der Seele und der Durchbruch zur Gottheit. Die mystische Anthropologie Meister Eckharts und ihre Konfrontation mit der Mystik des Zen-Buddhismus«, Gütersloh 1965.

der Sammlung und der Ruhe, wie wir früher erklärt haben und ist daher, christlich gesehen, eine tiefe Vereinigung mit Gott im Seelengrund; also im erhöhten Maße christliche Meditation.

In diesem Zustand der Innenschau oder bildlosen Schau, wie wir es an dieser Stelle neutral nennen möchten, kann verschiedenes »ankommen«, das Carl Albrecht entsprechend das »Ankommende« nennt. Das ist eine Bezeichnung, die absichtlich noch nichts über den Inhalt des Ankommenden sagt. Albrecht gibt dann verschiedene Weisen des Ankommenden an, auf die hier nicht näher eingegangen werden soll. Er spricht von zwei Sphären, aus denen etwas ankommen kann. Die eine Sphäre ist die Ich-Sphäre, die andere bezieht sich auf etwas anderes. Aus der letzteren kommt das, was Albrecht das »Umfassende« nennt, womit offenbar das Absolute gemeint ist und daher das eigentlich mystische Erlebnis. Zu dem, was aus der Ich-sphäre kommt, gehörten das *makyo* und andere Phänomene, die weder die Erleuchtung noch mystische Erfahrungen im christlichen Sinne bedeuten. Auch nach dieser Erklärung ist das *zanmai*, zu dem das *zazen* führen soll, ein höchst bedeutungsvoller seelischer Zustand. Aber er ist in sich vollkommen bildlos.

Was aus der Ich-Sphäre ankommt, richtet sich immer nach der subjektiven Verfassung des Unbewußten. Daher werden die Bilder oder sonstigen Phänomene, soweit sie religiöser Art sind, dem einzelnen entsprechend, buddhistisch oder christlich gefärbt sein. Für beide gilt jedoch in derselben Weise, daß das, was aus der Ichsphäre kommt, abzulehnen ist oder daß man sich nicht in ihm aufhalten darf, damit das Umfassende aus der anderen Sphäre ankommen kann. Man braucht nicht zu befürchten, daß man dieses Ankommende verpassen könnte; denn im Augenblick, da es auftritt, »zerstäubt« die Innenschau, wie wir schon früher zitiert haben, und das Licht bricht ein, ob man es wünscht oder nicht. Man soll, im Gegenteil, seine Aufmerksamkeit nicht auf etwas, das kommen könnte, richten; dann ist man schon gebunden und die Bewußtseinsleere ist nicht mehr vollkommen. Die Haltung ist, so kann man sagen, ein Warten aber ein Warten ohne Erwarten.

Es bleibt also die Regel bestehen, daß man sich auf nichts einlassen darf, wie der Altmeister Rinsai überspitzt sagt: »Wenn dir der Buddha begegnet, töte den Buddha.« Manchmal geht die Zeit vorüber, ohne daß man es bemerkt. Man meint, daß die Stunde erst gerade begonnen hätte, und sie ist schon vorüber. Ein anderes Mal geschieht das Gegenteil und man meint, die Uhr sei stehen geblieben. Man kümmere sich um nichts, sondern setze einfach die Meditation fort. Besonders ist noch davor zu warnen, daß man die tiefe Stille und Ruhe, die manchmal auftreten, zu genießen versucht. Das wäre schon ein Reflex, der nicht geschehen sollte. Wenn man es trotzdem tut, tauchen bald allerlei Gedanken auf, oder es tritt eine unnatürliche Steifheit im Körper, eine Art Krampf oder Lähmung, ein. Das Zen »stirbt«, wie die Zenmeister sagen.

Nachher wird man sich vielleicht sagen, daß man etwas falsch gemacht hat, aber man weiß nicht was. Der Fehler war, daß man bei etwas hängen oder stehen geblieben ist. Ein solches Stehenbleiben bei irgend etwas, ganz gleich was es ist, bringt immer den Prozeß, der sich in der Meditation vollziehen sollte, zum stehen. In diesem Falle war es das angenehme Gefühl der Ruhe und Stille. Im christlichen Bereich würde man sagen, daß man sich an irgend etwas gehalten hat, das nicht Gott ist, obwohl es vielleicht zu Gott in enger Beziehung steht. Das Ziel aber in dieser Art der Meditation muß immer Gott selbst, Gott in seinem Wesen sein, ebenso wie es für einen Buddhisten nur das Eine und Absolute, die letzte und einzige Wirklichkeit sein darf – was man freilich hier nicht Gott nennt.

Zusammenfassend können wir über die Art des *shikantaza* sagen: Wir benützen keine Konzentrationsmittel mehr, sondern beschränken uns darauf, keine Gedanken, keine Gefühle oder Phänomene zu beachten, die sich auf der Schwelle des Bewußtseins zeigen. Diese Art des *zazen* kann man ohne Bedenken in die christliche Spiritualität aufnehmen, denn sie enthält nichts, das entweder als Gegenstand der Meditation oder als Konzentrationsmittel direkt oder notwendig mit Buddhismus oder einem anderen nichtchristlichen Glauben verbunden ist. Überdies haben wir die dort obwaltende geistige Haltung im Grunde auch bei den christlichen Mystikern gefunden.

Das Gesagte ist eigentlich vollkommen ausreichend um zu wissen, daß und wie man das *zazen* selbst als christliche Meditation benützen kann. Das *shikantaza* wird dadurch, daß es ein gläubiger Christ vollzieht, zur christlichen Meditation. Denn in sich ist es klar wie Quellwasser ohne irgendeine Beimischung; sein Geschmack ist, wie der des frischen Wassers, gerade deswegen gut, weil ihm nichts anderes beigemischt ist.

Da jedoch im Zen vieler Schulen und Meister nicht nur mit *shikantaza*, sondern auch weitgehend mit Hilfe des Koan geübt wird, möchten wir noch einiges sagen in Bezug zur Frage, ob man das *zazen* als christliche Meditation verwenden kann. De facto heißt die Frage, ob und wie in diesem Falle das Koan benutzt werden kann. Zunächst sei nochmals darauf hingewiesen, daß das Koan kein Wesenselement des *zazen* ist, obwohl seine Bedeutung bisweilen so stark betont wird, daß man meinen könnte, ohne Koan gäbe es keine richtige Zen-Meditation. Im Gegenteil: Die Anfänge des Zen waren nicht mit dem Koan verbunden. Auch in der Gegenwart wird das Koan nicht von allen Zen-Schulen benutzt. Ein anderer Umstand, den man bei der Behandlung dieser Frage nicht außer acht lassen darf, ist

die Tatsache, daß fast alle Koan bereits vor mehreren hundert Jahren von China aus nach Japan eingeführt wurden. In der Gegenwart gibt es kaum, wenn überhaupt, Zenmeister, die selbst neue Koan aufstellen. Die Frage, ob das Koan in einem christlichen *zazen* verwendet werden sollte oder nicht, zerlegen wir wohl am besten in drei Teile:
1. Ist es ratsam, das Koan zu verwenden?
2. Wenn ja, können dann die traditionellen Koan benutzt werden?
3. Ist es möglich und ratsam, christliche Koan zu erfinden?

Was die erste Frage betrifft, so besteht prinzipiell kein Hindernis, auch in der christlichen Meditation das Koan zu verwenden. Der Gebrauch des Koan wurde im Zen schon vor langer Zeit eingeführt, weil selbst die Menschen jener Zeit es schwierig fanden, sich ohne ein künstliches Mittel zu konzentrieren oder innerlich zu sammeln, wie es beim Zen verlangt wird. Diese Schwierigkeit ist seither gewiß nicht geringer geworden. Im Gegenteil: Sie ist in der Gegenwart größer als je zuvor, wenn man sich nicht trotz allem für längere Zeit ganz von aller Zerstreuung der Welt oder seiner Umgebung zurückziehen kann, vielleicht in das Gebirge des Himalaja oder auf die Höhen des Athos. Von dieser Überlegung her scheint es durchaus ratsam, das Koan auch im christlichen Bereich zu verwenden. Aber es gibt andere Gesichtspunkte, die auch berücksichtigt werden sollten und auf die wir noch zu sprechen kommen.

Bei Beantwortung der zweiten Frage ist zu bedenken, daß, wenn nicht alle, so doch die meisten traditionellen Koan in enger Beziehung zum Buddhismus stehen und daher in erster Linie für Buddhisten geeignet sind. Obwohl das Koan nicht ein Gegenstand der Betrachtung, sondern ein Mittel ist, so ist doch dem klaren Wasser, das wir im *shikantaza* fanden, schon etwas beigemischt. Das ist nicht zu verwundern, da die Koan von den klassischen Meistern stammen, die natürlich selbst Buddhisten waren und die echte Lehre Buddhas zu bewahren und zu verbreiten suchten.

Trotzdem würde man zu weit gehen, wollte man die Koan insgesamt von der christlichen Meditation ausschließen. Selbst wenn ein Koan auf eine buddhistische Lehre hinzielt, so heißt das noch nicht, daß diese Lehre als Gegenstand der Betrachtung benutzt wird. Denn das würde dieser Art der Meditation zuwiderlaufen. Der Hauptzweck des Koan bleibt immer, dem Schüler zu einer höheren Art der Erkenntnis zu verhelfen. Aus diesem Grunde enthält das Koan stets ein logisch nicht lösbares Problem.

Andererseits liegt in den Koan oft eine tiefe Lebensweisheit verborgen, die auch einem Christen nützlich ist. Abschließend können wir sagen: Die Koan, auch die traditionellen, können in der christlichen Meditation benutzt werden, aber es sollte mit Diskretion geschehen. Deshalb: Wer genügend Kenntnis und Urteil in der christlichen Lehre besitzt, möge sie benutzen und sollte dazu ermutigt werden, wenn es ihm hilft.

Aber es gibt auch Fälle, wo man nicht darauf bestehen sollte. Nehmen wir z. B. an, daß jemand längere Zeit die christliche Betrachtung in gewöhnlicher Weise geübt hat und nun zu einer übergegenständlichen Meditation nach Art des Zen übergehen möchte. Da kann es durchaus sein, daß er wohl die Koan lesen und studieren aber nicht für die Meditation selbst benützen möchte. Seine Lage ist denn doch verschieden von der eines Buddhisten.

Normalerweise hat er den Weg der Meditation als Christ mit der Betrachtung des Lebens und Leidens Christi begonnen. Wenn er dann, nach geraumer Zeit, den weiteren Schritt zur eigentlichen Meditation unternimmt, so wird es ihm vielleicht nicht angenehm sein, sich auf ein Problem zu konzentrieren, das weder mit der christlichen noch mit einer anderen Religion unmittelbar etwas zu tun hat, wie das bei vielen Koan der Fall ist. Etwa hier: »Wie kann man den Ton der einen Hand hören?« Anders ist es freilich mit jemandem, der so schnell wie nur möglich, das Satori erlangen möchte. Er wird gern bereit sein, mit jedem Koan zu üben, wenn es ihm nur hilft, sein Ziel zu erreichen. Die Mehrzahl aber wird es wahrscheinlich vorziehen, das *shikantaza* zu benützen, das sich leichter mit der christlichen Tradition verbinden läßt.

Wir kommen nun zur dritten Frage: Ist es möglich und sogar erwünscht, christliche Koan zu finden oder zu konstruieren? An der Möglichkeit besteht gewiß kein Zweifel. Aber wenn wir versuchen, es zu tun, müssen wir stets im Auge behalten, daß ein Koan, um wirksam zu sein, jedem Versuch einer logischen Lösung einen unüberwindlichen Widerstand entgegensetzen muß. Es muß einer Felswand gleichen, die keine menschliche Kraft auch nur einen Zoll von der Stelle bewegen kann.

Diese Bedingung erfüllen z. B. jene christlichen Glaubenswahrheiten, die als von Gott geoffenbart geglaubt werden, aber mit der menschlichen Vernunft allein nicht vollkommen verstanden werden können. Auch in der Hl. Schrift gibt es Worte, deren Sinn von vornherein nicht verständlich ist, die sogar einen Widerspruch zu enthalten scheinen. Ob solche Wahrheiten oder Schriftworte als Koan wirksam sind, hängt auch mit ab von der Disposition des einzelnen. Das will sagen: ob er sie als unlösbar empfindet. Ein solches Problem ist zum Beispiel: Warum hat Gott den Menschen so geschaffen, daß er sündigen und ewig verloren gehen kann, obwohl Gott will, daß alle Menschen gerettet werden und keiner verloren geht? Das ist für viele Menschen ein unerträglicher Gedanke. Alle Gründe, die man dafür auch anführen mag, lassen sie nicht zur Ruhe kommen. Für solche Menschen könnte dieses Problem ein gutes Koan sein.

Es gibt andere, die sich über das Problem auf Grund angeführter Erklärung – etwa, daß dies ein Geheimnis Gottes ist, das wir Menschen nicht vollkommen verstehen können – verhältnismäßig leicht hinwegsetzen. Für diese wäre es dann als Koan weniger geeignet als für die vorher Genannten.

Es wird erzählt, daß Juliana von Norwich trotz ihres tiefen Glaubens viele Jahre unter diesem »Koan« furchtbar gelitten hat. Es war tatsächlich ihr Koan, das ihr nicht ein Zenmeister sondern ihre eigene Natur gegeben hatte. Solche Koan, die einem auf diese Weise gegeben werden oder durch eine äußerst schwierige Lage, ganz ohne eigenes Zutun entstanden, sind schon wiederholt zum Ausbruch der Erleuchtung geworden. Solche Fälle haben sich besonders in den letzten Jahrzehnten oft wiederholt. Die Zeit der beiden Weltkriege und anderer Bedrängnisse, die viele Menschen zur Verzweiflung getrieben haben, sind hierfür die Ursache. Diese Menschen kamen ohne *zazen* oder irgend eine andere Methode zu dieser großen Erfahrung. Das Koan ist eigentlich eine künstlich geschaffene seelische Not. Gerade deswegen muß es so sein, daß es keinen Ausweg offen läßt.

Außer der Verwendung des Koan im strengen Sinne ist auch eine Benutzung dieses Mittels im weiteren Sinne zur Vertiefung religiöser Wahrheit denkbar. Eine solche Vertiefung kann geschehen – und geschieht auch –, indem man über diese Wahrheiten nachdenkt und nach ihrem Sinne und ihrer Bedeutung für das religiöse Leben forscht. Solches nach Art des Koan zu tun, würde besagen, daß man diese Wahrheit beständig im Sinn hat. Dies könnte bisweilen fruchtbarer sein als die sonst übliche Weise und käme dem vorher erwähnten Einsinkenlassen eines Schriftwortes in die Seele nahe.

Es wäre auf jeden Fall wertvoll, eine Sammlung von Schriftworten, Glaubenswahrheiten oder auch schwierigen Problemen auf ethischem Gebiet herauszustellen, die als Koan im engeren oder weiteren Sinne dienen könnten.

Nehmen wir als Beispiel ein traditionelles Koan, das man ohne Schwierigkeit auch für christliches *zazen* verwenden kann. Es ist das schon erwähnte »Mu« (Nichts) des Meisters Chaochou. Wie dort gesagt, bedeutet das »Mu« weder: Ja noch Nein. In diesem widersprüchlichen Sinne nimmt man es und versucht es zu verstehen. Man wird bald feststellen, daß da nichts im logischen Sinn zu verstehen ist. In dieser Widersprüchlichkeit soll man das »Mu« mit jedem Atemzug aus dem Kopf heraus nach unten in den Bauch stoßen und zugleich damit alles, was sonst noch im Kopf ist; denn der Kopf muß leer werden. Dieses Hinunterstoßen geschieht aber nicht, wie man vielleicht meinen könnte, bei dem nur verhältnismäßig kurzen Einatmen, sondern bei dem langen Ausatmen, mit dem das »Mu« lang hingezogen wird: Muuuuuu, bis die Luft fast ganz herausgelassen ist.

Kurz zuvor schaltet man um auf das Einatmen und so geht es weiter fort. Dieser Atemrhythmus ist immer derselbe aber mit ihm muß das »Mu« und überhaupt jedes Koan verbunden werden. Denn das Nachdenken über das Koan im Kopf, bringt die Sache nicht voran. Es geht, klar gesagt, nicht darum, daß man dieses »Mu« versteht sondern daß man das »Mu« wird, wie es bei jedem anderen Koan der Fall sein soll. Ist dieses »Mu« einmal gut eingeübt, dann wirkt es wie eine Verstärkung des *shikantaza*. Wenn es einem hilft, kann man sich als christlichen Hintergrund dabei denken, daß, im Vergleich mit dem Letzten und Absoluten, Gott alles und das »andere nichts« ist. So sagt Gregorius von Nyssa zu Exod. 3, 14 »Ich bin der ich bin«: »Was, nach meiner Ansicht, der große Moses in jener

Vision durch Gottes Belehrung erkannt hat, ist dieses: daß nichts von alldem, was die sinnliche Wahrnehmung erfaßt oder der Intellekt anschaut, wahrhaft Sein hat als das überseiende Wesen, das des Universums Grund ist und von dem alles abhängt.«[148] Diese Weise, das Koan des »Mu« zu verwenden, gleicht dem Umgang in der »Wolke des Nichtwissens« mit dem einen kurzen Wort, das der Schild sein soll, mit dem man jeden Gedanken, der sich aufdrängt, tief unter die Wolke des Vergessens stoßen soll.

Zum Schluß dieses Kapitels möchten wir an die Mahnung erinnern, die der Verfasser der »Wolke« im Anfang seiner Schrift an den Leser richtet: Er solle dieses Buch nicht lesen, wenn er nicht entschlossen sei, ein eifriger Jünger Christi zu werden. Das gilt ebenso für die Verwendung des *zazen* als christliche Meditation. Denn wenn man nicht bereit ist, von ganzem Herzen nach Vollkommenheit zu streben, wird man keinen oder nur wenig Erfolg mit dieser Methode haben und tut besser, erst gar nicht damit anzufangen. Wenn man trotzdem das *zazen* üben will, dann ist es am besten es im Sinn der ersten Stufe zu benutzen; nämlich als Vorbereitung für die gewohnte christliche Meditation oder für eine fortgeschrittenere Weise dieser Meditation. Dabei wird das *zazen* gewiß gute Dienste tun.

Vielleicht wird man später einmal den Mut finden, den für die zweite Stufe notwendigen großen Entschluß zu fassen, der vor allem den entschiedenen Willen einschließen muß, ein reines Leben zu führen. Wie wir wissen, ist der Versenkungsweg ein Reinigungsweg, der augenblicklich zum stehen kommt, wenn man sich dieser Reinigung zu entziehen sucht. Obwohl dies selbstverständlich zu sein scheint, gibt es Menschen, die, angezogen und sogar begeistert von den großen Möglichkeiten, die sie im Zen und in

---

[148]) Vita Mosis, S. 333.

ähnlichen Methoden sehen, sich anschicken, dieselben zu erlernen, ohne sich recht klar darüber zu sein, worum es eigentlich geht.

Weder das *zazen* noch auch die christliche Meditation dürfen als eine Art von Sport oder Liebhaberei begonnen werden. Eine Zeitlang geht es vielleicht ganz gut, aber früher oder später wird sowohl das eine wie das andere zu einem verzweifelten Kampf gegen jenes Selbst, von dem in der »Wolke« in so drastischer Sprache gesprochen wird. Dieser Kampf muß ohne Unterlaß fortgesetzt werden, nicht nur während der Zeit der Meditation, sondern auch jeden Augenblick des Tages.

Unser Verhalten muß stets mit unserer Meditation übereinstimmen. Andernfalls werden wir wenig bei der Meditation gewinnen, und das wenige, das wir gewinnen, geht während des Tages wieder verloren. Ist dagegen unsere Einstellung immer auf das »Eine Notwendige« gerichtet, so wird jeder Augenblick unseres Lebens ein Schritt vorwärts sein auf dem Wege zur Vollkommenheit und zu einer tieferen Vereinigung mit Gott.

Zum Abschluß sei noch kurz auf die Wichtigkeit der Seelenführung im Zusammenhang mit der Meditation hingewiesen. Beim *zazen* ist schon an anderer Stelle hierüber gesprochen worden. Was dort gesagt wurde gilt, bis zu einem gewissen Grad für jede übergegenständliche Meditation, auch wenn es nicht darum geht, das Satori zu erlangen. Folgende Punkte können dafür als Orientierung dienen:

1. Falls man einen Seelenführer hat, den man regelmäßig in den Dingen des inneren Lebens befragt, sollte man dies auch tun, bevor man die neue Art der Meditation beginnt. Er kann oft besser als man selbst entscheiden, ob die Zeit der »Kehre« im Sinn Taulers gekommen ist. Es würde sich dann nicht so sehr um die Zen-Meditation handeln als dar-

um, daß man ohne einen Gegenstand der Betrachtung zu meditieren beginnt. Darüber kann ein erfahrener Seelenführer auch urteilen, wenn ihm das *zazen* nicht genügend bekannt ist, um sich darüber ein Urteil zu bilden, ob es einem Christen anzuraten ist oder nicht.

2. Nachdem man diesen Weg betreten hat, ist für längere Zeit die geistliche Führung von großer Wichtigkeit und dringend anzuraten. Es spielt aber auch eine Rolle, ob sich jemand auf diesem Gebiete selbst schon auskennt oder nicht.

3. Auch jene, die bereits auf diesem Wege fortgeschritten sind, tun gut daran, ihrem geistlichen Führer von Zeit zu Zeit Bericht zu erstatten und seinen Rat einzuholen. Denn es gilt auch hier: Niemand ist Richter in eigener Sache *(Nemo iudex in propria causa).*

GEBET

Vater, lasse Du mich zu den lichten Höhen gelangen,
Sättige mich am Quell des Guten, und, kommend zum
   Lichte,
Ewig richte auf Dich des Geistes beseligtes Schauen!
Räume die Nebel hinweg und die Wucht des irdischen
   Stoffes:
Zeige mir Deinen Glanz! Denn Du nur bietest dem
   Frommen
Hell-friedliche Rast. Dich schauen ist Anfang und Ende.
Du bist Führer und Kraft und Pfad und seliger Zielpunkt.

                                                Boethius

INHALTSVERZEICHNIS

Vorwort 5

I. DAS ZEN

Zen-Meditation 7
   Weltanschaulicher Hintergrund 7
   Vollzug der Zen-Meditation 12
   Schwierigkeiten 15
   Der Zenmeister 26

Zazen und christliche Meditation 30
   Betrachtung und Meditation 30
   Übergang von der Betrachtung zur Meditation 40

Wirkungen der Zen-Meditation 50

Satori 68

II. ZEN UND CHRISTLICHE MYSTIK

Allgemeines 89

Das Nichtdenken der Mystiker 96
   Bewußtseinsleere 96
   Gegenständliche Betrachtung 101
   Übergang zur übergegenständlichen Meditation 104

Der Versenkungsweg 114

Die Wesensschau 135

Die Wolke des Nichtwissens 165

Das Zazen als christliche Meditation 185

Gebet 208

Daisetz T. Suzuki
Seine Hauptwerke in Einzelausgaben
im O. W. Barth Verlag:

LEBEN AUS ZEN
Eine Einführung in den Zen-Buddhismus

SATORI – DER ZEN-WEG ZUR BEFREIUNG
Die Erleuchtungserfahrung im Buddhismus und im Zen

ZAZEN – DIE ÜBUNG DES ZEN
Grundlagen und Methoden der Meditationspraxis im Zen

KOAN – DER SPRUNG INS GRENZENLOSE
Das Koan als Mittel der meditativen Schulung im Zen

KARUNA – ZEN UND DER WEG DER TÄTIGEN LIEBE
Der Bodhisattva-Pfad im Buddhismus und im Zen

PRAJNA – ZEN UND DIE HÖCHSTE WEISHEIT
Die Verwirklichung der «transzendenten Weisheit»
im Buddhismus und im Zen

SHUNYATA – DIE FÜLLE IN DER LEERE
Essays über den Geist des Zen in Kunst,
Kultur und Religion des Fernen Ostens

MUSHIN – DIE ZEN-LEHRE VOM NICHT-BEWUSSTSEIN
Das Wesen des Zen nach den Worten des Sechsten Patriarchen

Zen und die japanischen Schulungswege
im O. W. Barth Verlag:

Brinker, Helmut
ZEN IN DER KUNST DES MALENS
178 Seiten, mit zahlreichen Abbildungen

Hammitzsch, Horst
ZEN IN DER KUNST DES TEE-WEGES
128 Seiten

Herrigel, Eugen
ZEN IN DER KUNST DES BOGENSCHIESSENS
96 Seiten

Herrigel, Eugen
DER ZEN-WEG
132 Seiten

Herrigel, Gusty
ZEN IN DER KUNST DES BLUMEN-WEGES
116 Seiten

Kammer, Reinhard
ZEN IN DER KUNST, DAS SCHWERT ZU FÜHREN
104 Seiten

Alle Titel dieser Serie in schöner Geschenkausstattung.

Zum Thema «Zen-Buddhismus» sind weiterhin erschienen:

DAS LEXIKON DER ÖSTLICHEN WEISHEITSLEHREN
Buddhismus – Hinduismus – Taoismus – Zen, 516 Seiten

Dürckheim, Karlfried Graf
JAPAN UND DIE KULTUR DER STILLE
124 Seiten

WUNDERBARE KATZE
und andere Zen-Texte
160 Seiten

ZEN UND WIR
144 Seiten

Kapleau, Philip
DIE DREI PFEILER DES ZEN
Lehre – Übung – Erleuchtung, eine Einführung in die Zen-Meditation
480 Seiten

Reps, Paul
OHNE WORTE – OHNE SCHWEIGEN
Zen-Geschichten, 208 Seiten

Suzuki, Daisetz Teitaro
DIE GROSSE BEFREIUNG
Mit einem Geleitwort von C. G. Jung, 192 Seiten